LES CONSERVES à la Maison

BIBLIOTHÈQUE "VIE A LA CAMPAGNE"

Jardins et Basses-Cours — Agriculture-Élevage

PUBLIÉE SOUS LA DIRECTION DE

M. ALBERT MAUMENÉ

Série des Volumes sur tous les sujets se rapportant à la Maison, au Jardin, à l'Élevage, et de Manuels essentiellement pratiques sur la Basse-Cour, l'Économie domestique, la Médecine des Végétaux, etc., bases de tout ce qui crée des ***Sources de Revenus à la Campagne,*** *avec une abondante Illustration démonstrative et cinématographique.*

PREMIÈRE SÉRIE. FORMAT IN-8.

J. CRÉPIN. — ***LA CHÈVRE.*** Son histoire. Son élevage pratique. Ses bienfaits. Ses services.

1 vol. in-8 avec 14 planches hors texte. Broché : 7 fr. 50. Relié : 10 fr.

C. JULIEN. — ***LA MOTOCULTURE.*** Travail mécanique du sol, principes agrologiques, outillage, pratique agricole.

1 vol. in-8 de 32 planches hors texte. Broché : 6 fr.

DEUXIÈME SÉRIE. FORMAT IN-16.

G. BOISSEAU et G. LANORVILLE. — ***L'ESCARGOT.*** Élevage et parcage lucratifs, préparation culinaire et vente.

1 vol. in-16 avec 23 planches doubles de gravures. Broché : 2 fr. 50.

MAURICE BOUROTE. — ***POUR COLONISER AU MAROC*** (la Chaouïa Agricole).

1 vol. in-16 avec 4 planches de gravures hors texte. Broché : 2 fr.

CÉLESTIN DUVAL. — ***DÉFENDONS NOS CULTURES*** (***I.*** Jardin d'agrément et Serres).

1 vol. in-16, avec 136 gravures. Broché : 5 fr.

RENÉE RAYMOND. — ***LES CONSERVES A LA MAISON*** ***(I. Ce qu'il faut connaître pour réussir. — Champignons et Condiments).***

POUR PARAITRE DANS LA MÊME COLLECTION.

LES CONSERVES A LA MAISON (***III.*** ***Les fruits au sirop***).

CÉLESTIN DUVAL. — ***DÉFENDONS NOS CULTURES*** (***II.*** Jardin potager et grande culture).

DÉFENDONS NOS CULTURES (***III.*** Jardin fruitier, verger et vignoble).

O O O

BIBLIOTHÈQUE " VIE A LA CAMPAGNE "

LES CONSERVES à la Maison

II

LES LÉGUMES

PAR

MME RENÉE RAYMOND

Illustré de 32 Planches
de 79 Photographies démonstratives

PARIS
LIBRAIRIE HACHETTE ET Cie
79, BOULEVARD SAINT-GERMAIN, 79

1913

LES CONSERVES
A LA MAISON

Manuels essentiellement pratiques, destinés aux Maîtresses de maison, Professeurs et élèves des Écoles ménagères et agricoles, etc, Propriétaires, Cultivateurs, Éleveurs, Industriels, etc. Abondamment illustrés par la photographie démonstrative et cinématographique, ils donnent les meilleures et les plus économiques recettes pour la préparation, pour les besoins de la famille ou pour la vente de tous les Produits du sol et de l'élevage, utilisant les excédents des récoltes ou transformant fruits, légumes, volailles, préparés dans ce but.

Vol. I. — **Ce qu'il faut connaître pour réussir. — Champignons et Condiments.**

Vol. II. — **Les légumes.**

Vol. III. — **Les Fruits.**

Vol. IV. — **Confitures, gelées et marmelades.**

Vol. V. — **Jus de fruits et sirops.**

Vol. VI. — **Viandes, œufs, volailles et gibiers.**

Vol. VII. — **Fruits confits glacés et pâtes de fruits.**

Vol. VIII. — **Fruits et légumes de garde** (Conservation à l'état frais.)

Vol. IX. — **Séchage des fruits et des légumes** (Pruneaux fruits secs, légumes, etc.).

INTRODUCTION

Je me suis attachée, dans ce second volume des CONSERVES A LA MAISON, *à vous décrire minutieusement les recettes variées et complètes pour la* Conservation des Légumes *les plus divers, depuis les classiques Haricots verts et les Petits Pois jusqu'à l'Asperge succulente.*

Ces recettes, avant tout pratiques et à la portée de tous, ont été expérimentées; elles vous permettent de préparer, en saison de production, de précieuses provisions de légumes de choix constituant une des bases de l'alimentation familiale, qu'une maîtresse de maison doit avoir le souci d'assurer quelle que soit sa condition.

Afin de vous exposer dans tous leurs détails les diverses manières d'opérer, je n'ai pas répété les conseils d'ordre général qui font l'objet de la première partie « Ce qu'il faut connaître pour réussir » *du Volume I de cet ouvrage. Vous voudrez donc bien vous y reporter pour tout ce qui concerne : le Choix du matériel nécessaire à la préparation des Conserves, flacons, bouchages, bouilleurs ; la préparation elle-même; comment cueillir, choisir, préparer les légumes, boucher les flacons, stériliser le contenu, etc.*

Vous pouvez grouper les Conserves des Légumes en deux catégories, encore qu'on ne puisse leur attribuer une limite absolue : 1° Les Conserves « de fonds » faites avec les légumes à durée de production très limitée : Asperges, Artichauts, Haricots verts, Haricots panachés, Macédoines fines, Pointes vertes d'Asperges, Petits Pois, Tomates entières, etc.

2° *Les Conserves complétaires, moins généralement pratiquées, mais qui sont à considérer parce qu'elles vous permettent d'assurer des menus plus variés : Carottes, Céleris en branches, Céleris-Raves, Choux-fleurs, Endives, Haricots Chevriers verts, Haricots de Soissons, Laitue accommodée, Oseille et Epinards, Salsifis.*

Avec de telles provisions vous aurez l'impression d'un Été prolongé et vous réaliserez de vraies économies, car les Conserves préparées à la maison ou même avec les légumes achetés sont d'un prix de revient moins élevé que les bonnes marques du commerce. A plus forte raison, cette économie est-elle sensible si les légumes proviennent du jardin ; les prix sont alors infiniment réduits, et vous avez en échange des Denrées de premier ordre.

Je dois vous signaler que le temps de cuisson que j'ai donné à chacune des préparations décrites ne correspond pas toujours avec ceux consignés dans les brochures-réclame consacrées aux différents systèmes de bouchage ; ceux que je donne ont été chiffrés après épreuve.

Peut-être, découragée par quelques échecs, avez-vous renoncé à faire des Conserves ou bien hésitez-vous de crainte d'insuccès. S'il en est ainsi, suivez ponctuellement les conseils de ce Manuel et vous réussirez, car il ne contient rien qui n'ait été d'abord mis en pratique. Il peut donc être pour les maîtresses de maison non encore initiées, le Guide sûr qu'elles désirent ; et je veux croire également, que les maîtresses de maison plus compétentes, le consulteront avec profit.

Mai 1913.

Renée Raymond.

LES CONSERVES A LA MAISON

CHAPITRE I

LES ARTICHAUTS ENTIERS

I. Comment présenter le légume en flacon. || II. Les soins que réclament les Artichauts. || III. Lavez minutieusement chacun d'eux. || IV. Remplissez les flacons.

Bien que l'Artichaut en conserve ne soit pas une préparation aussi fine que celle des « fonds d'Artichauts », c'est, par contre, une des moins exigeantes et des plus faciles à réussir. Seulement, n'attendez pas la fin de la saison pour mettre les Artichauts en conserve ; les premières têtes sont toujours supérieures à celles de la pleine saison, parce que plus tendres et plus savoureuses.

SUCCESSION DES OPÉRATIONS. — Choisissez des légumes moyens ; sectionnez le pédoncule au ras du fond ; parez les feuilles en enlevant l'extrémité de chacune sur une longueur d'un centimètre ; lavez minutieusement ; blanchissez vingt minutes ; rafraîchissez-les et mettez en flacons. Mouillez d'une saumure à 3 degrés. Bouchez et stérilisez.

I. — COMMENT PRÉSENTER LE LÉGUME EN FLACON.

Chacune des têtes d'Artichauts doit rester intacte ;

seules les extrémités des feuilles sont parées afin de permettre d'en placer davantage dans les bocaux.

Le seul inconvénient que l'on puisse reprocher à cette forme de conserve est de nécessiter : soit de multiples bocaux si vous employez des demi-litres, soit des grands si vous désirez faire des provisions d'une moyenne importance. Un flacon d'un litre en contient quatre, cinq tout au plus; mais, en tassant fortement, ce que je ne vous conseille pas. Les flacons d'un demi-litre ont une capacité trop restreinte pour être employés couramment ; à moins que votre matériel en comporte davantage que de grands — pour ne pas faire de dépenses nouvelles — ou que vos besoins n'en réclament pas davantage.

La cueillette et le choix des légumes s'opèrent d'une façon identique à celle de la préparation des fonds; — plus ils sont frais, plus ils cuisent rapidement, l'évaporation n'ayant pas altéré et desséché la chair; — mais vous vous trouverez bien de prendre des Artichauts un peu plus gros, puisque le fond n'est plus seul visé. Assurez-vous préalablement que leur circonférence prise à la base corresponde bien avec celle du col des flacons. Ce détail, d'apparence futile, s'il était omis, pourrait vous causer la plus désagréable surprise lors de la mise en flacons.

II. — LES SOINS QUE RÉCLAMENT LES ARTICHAUTS.

Les Artichauts produits aux environs de Paris, ceux de Picardie et de Bretagne, sont les plus réputés, tandis que ceux expédiés du Midi sont souvent filandreux. Ces détails intéressent surtout les personnes qui doivent acheter les Artichauts, car, s'ils proviennent du jardin, ces distinctions n'ont aucune portée, puisque ceux-ci sont cueillis frais et en possession de toutes leurs qualités. Reportez-vous pour le choix des Artichauts au Chapitre II, paragraphe I.

Avant toute chose, et pour abréger le temps des préparations, mettez sur un foyer vif de l'eau à bouillir dans un grand récipient, en quantité proportionnée avec le nombre de têtes, afin qu'au moment du blanchiment les Artichauts soient complètement recouverts et baignent à l'aise. Commencez maintenant leur toilette; sectionnez d'abord le pédoncule amer au ras de la base, et enlevez avec lui la première rangée de feuilles folles très petites, qui ne sont bonnes à rien, mais n'endommagez pas le fond.

Cette ablation terminée, parez les feuilles ; munissez-vous de forts ciseaux de cuisine avec lesquels vous coupez la pointe aiguë de chacune d'elles, et supprimez environ 1 à 2 centimètres de longueur.

III. — LAVEZ MINUTIEUSEMENT CHACUN D'EUX.

Vérifiez, en procédant au lavage, si l'Artichaut est sain et indemne de tares ; vous constaterez très facilement qu'il est défectueux, au fond piqué de rouille ou marqué de taches noirâtres. L'examen reconnu satisfaisant, lavez les Artichauts ; jetez-les dans un récipient contenant de l'eau froide en abondance pour les débarrasser des corps étrangers incrustés entre les couronnes de feuilles. Ayez recours à la brosse fine pour effectuer ce lavage, car il en est qui adhèrent fortement et s'obstinent à rester même après plusieurs lavages à la main.

Votre provision nettoyée complètement, donnez un second lavage rapide, qui est plutôt un rinçage ; égouttez sur le tamis et, après vous être assuré du degré de chaleur de l'eau, plongez-les dans le bain en ébullition. L'eau s'arrête instantanément ; si vous pouvez donner plus d'ardeur au feu, faites-le, afin de ne pas consacrer un temps trop long au blanchiment. Salez comme pour une cuisson ordinaire ; couvrez le récipient le plus hermétiquement possible, et comptez vingt minutes d'ébullition soutenue à partir du moment où l'eau a repris à nouveau le point d'ébullition.

Ce laps de temps écoulé, rendez-vous compte de l'état de cuisson des Artichauts. Tirez une feuille à la base ; si vous sentez une résistance, laissez encore votre provision bouillir quelques minutes ; mais, au contraire, si elle se détache sans difficulté trop grande, dressez les Artichauts avec l'écumoire et plongez chacun d'eux dans l'eau froide pour les rafraîchir. Égouttez ensuite, mettez en flacon un à un en pile.

IV. — REMPLISSEZ LES FLACONS.

C'est certainement, avec les Tomates, la garniture la plus facile qu'il soit et la moins longue aussi. Saisissez un Artichaut par le cône en soutenant le fond dans la main gauche. Approchez-le du bocal et, après l'avoir introduit, laissez-le glisser lui-même au fond. Répétez cette manœuvre pour les suivants, en les appuyant après chaque mise avec les deuxièmes phalanges des doigts, de manière qu'ils ne laissent pas de vide entre eux.

Le bocal rempli, garnissez de saumure à 3 degrés[1]. *Pour les flacons à bouchage pneumatique, bouchez, désoxygénez jusqu'à 90 degrés, pincez les tétons, ébulli-*

1. La préparation des différentes saumures est traitée dans le Vol. I, de cet ouvrage, Chap. VI, paragraphe V.

tionnez trente minutes et laissez refroidir dans le bain. Les bocaux à fermeture hermétique demandent une heure et demie de cuisson pour les litres ; ne pas laisser refroidir dans le bain.

En Décembre-Janvier, alors que les Artichauts font complètement défaut, vous aurez la faculté de préparer avec ceux-ci tous les plats auxquels ils se prêtent.

CHAPITRE II

LES FONDS D'ARTICHAUTS

I. Quels Artichauts choisir. || II. Préparez seulement deux bocaux a la fois. || III. Comment préparer l'Artichaut pour le blanchiment. || IV. Blanchiment prolongé équivalant a une demi-cuisson. || V. Pour que les fonds restent blancs. || VI. Enlèvement des écailles. || VII. Parez chacun des fonds. || VIII. Utilisez les flacons d'un demi-litre. || IX. Mise des fonds en flacons.

Étant donnée la place que tiennent les Artichauts entiers dans les bocaux, leur préparation en Conserves est peu pratiquée ; mais ce qu'il n'est pas avantageux de faire avec les têtes entières en raison du matériel immobilisé, peut l'être avec les fonds, qui constituent la partie la plus savoureuse de l'Artichaut.

Parmi les différentes manières de préparation des fonds d'Artichauts : *au naturel*, *séchés*, *dans la saumure*, je vous recommande la « conservation au naturel ».

Ce n'est pas un genre de Conserves courant comme celles de Haricots verts et de Petits Pois Celle-ci est plutôt du domaine de la cuisine raffinée, les fonds d'Artichauts entrant dans la préparation des plats très recherchés : Poulet à la Demidoff, Pigeon à la Parisienne, etc., etc. ; plus simplement, leur emploi se réduit à accompagner, tels quels, les œufs mollets recouverts d'une sauce riche, les

Truffes, etc. ; on peut aussi les farcir avec du blanc de volaille, etc., etc. Dans ces derniers cas, ils servent de canapés.

Parce que je vous ai dit que la conservation des fonds d'Artichauts n'était pas courante, n'interprétez pas cette phrase comme un indice de difficultés qui n'existent pas. Le point essentiel est de garder aux fonds leur blancheur mate ; vous y parviendrez en suivant les indications données ci-dessous et en vous servant pour la cuisson d'une bassine en cuivre ou émaillée ; le fer les faisant noircir.

SUCCESSION DES OPÉRATIONS. — Rafraîchissez d'abord la base de chaque tête, coupez ensuite avec des ciseaux les feuilles du tour et le cône central en leur laissant un centimètre et demi de longueur. Lavez à la brosse, blanchissez les Artichauts vingt-cinq à trente minutes, jusqu'à ce que les feuilles se détachent. Pendant tout le temps que durent les préparations, laissez les Artichauts sous l'eau pour les empêcher de noircir. Parez-les aussitôt que les écailles sont enlevées, mettez en bocaux avec très peu de sel. Bouchez et stérilisez.

I. — QUELS ARTICHAUTS CHOISIR.

Comme pour les autres légumes, préférez l'époque où la production est abondante pour préparer les Conserves de fonds d'Artichauts ; ceux-ci sont toujours plus savoureux et plus beaux à ce moment, et le choix plus abondamment varié lorsque la pleine saison commence.

Il faut les Artichauts développés à point, car trop jeunes, ils possèdent peu de fond, et, trop vieux, la base est filandreuse. Cueillez-les le matin de préférence, et coupez chaque Artichaut en lui laissant quelques centimètres de tige pour que l'air et le soleil ne dessèchent pas la base.

Choisissez les têtes les plus jolies, bien formées, au fond large et charnu, sur une assise aux contours rebondis. Ces caractères sont une indication précieuse pour la grosseur du fond. Il les faut absolument verts, avec les feuilles extérieures déjà bien évasées, mais sans que le cœur s'entr'ouvre sur des feuilles violacées. Cette couleur indique que l'Artichaut est dur.

Les têtes sont dans un état d'autant plus avancé que ces feuilles violettes, parcheminées, sont plus apparentes et nombreuses; dans ces conditions, le fond est moins fin et presque dur, pâteux et filandreux.

Si vous avez un plant d'Artichauts de 50 pieds environ, vous pouvez largement prélever de quoi faire dix à douze flacons, dont six flacons de gros fonds et quatre à six de petits (de 6 à 7 centimètres une fois épluchés et parés). Ces derniers remplacent avantageusement les petits feuilletés, dans la garniture des filets jardinières, et servent à contenir la macédoine de légumes; les seconds peuvent être farcis de différentes façons.

II. — PRÉPAREZ SEULEMENT DEUX BOCAUX A LA FOIS.

Préparez vos Artichauts aussitôt la cueillette, pour éviter qu'ils se fanent et perdent de leur fraîcheur.

N'entreprenez pas de mener leur épluchage d'une seule traite si vous conservez sept flacons; vous auriez trop à faire dans le même moment et vous vous lasseriez vite, surtout si vous n'avez aucune aide. Préparez au contraire juste le nombre nécessaire au remplissage d'un ou de deux bocaux, soit une dizaine de gros par bocal d'un demi-litre, et douze environ de moyens.

Le contenu de chacun d'eux doit être conduit séparément, parce que, malgré toute la célérité que vous appor-

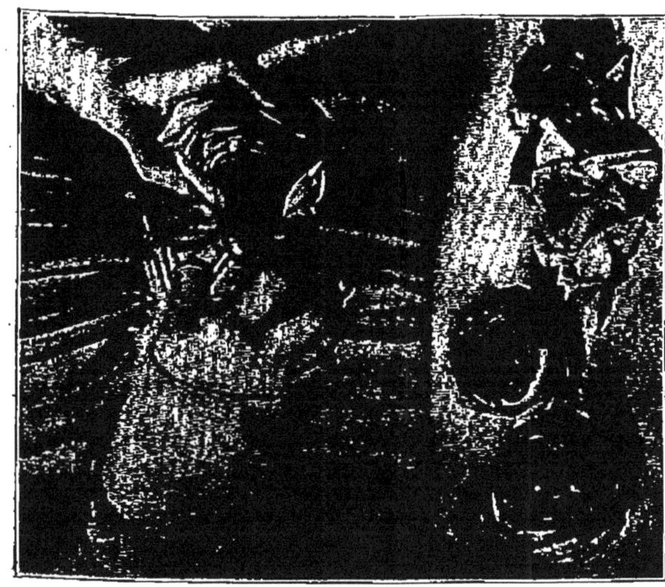

FIG. 1, 2. — SECTION DES FEUILLES DES ARTICHAUTS.

Coupez d'abord séparément, avec de bons ciseaux, les feuilles de la périphérie; puis tranchez d'un seul coup celles réunies en cône au milieu.

FIG. 3, 4. — ENLEVEZ LES ÉCAILLES ET PAREZ LE FOND.

Aussitôt la cuisson terminée refroidissez les Artichauts et enlevez toutes les écailles sous l'eau : parez ensuite le fond et grattez les fines pointes de foin qui peuvent encore y adhérer.

teriez, les fonds noirciraient ; c'est seulement lorsque le couvercle et le ressort sont posés sur le flacon terminé que vous procédez à la préparation d'un autre.

Pendant le blanchiment de la première partie, préparez une nouvelle série, et ainsi de suite, de telle sorte qu'elles se succèdent et soient à point, soit pour le blanchiment, l'enlèvement des écailles ou la mise en flacons.

III. — COMMENT PRÉPARER L'ARTICHAUT POUR LE BLANCHIMENT.

Retranchez d'abord la tige et les feuilles. Pour effectuer ces opérations, munissez-vous d'un couteau et de bons et résistants ciseaux de cuisine (car les petits fatiguent la main). Avec le couteau, sectionnez nettement et horizontalement le pédoncule à son insertion sur la base de l'Artichaut, immédiatement au-dessus de la première couronne. Cela fait, raccourcissez ensuite les feuilles, avec les ciseaux, en commençant par celles de la périphérie, et en ayant soin de laisser à chacune 1 centimètre 1/2 de longueur pour faciliter l'enlèvement des écailles après le blanchiment. Coupez-les une à une et n'essayez pas, dans le but d'abréger le temps de ce travail, d'en couper plusieurs à la fois ; vous risqueriez alors de les couper trop ras et d'abîmer le fond.

Continuez ainsi jusqu'aux feuilles accolées en cône, les unes sur les autres, formant le cœur, et que vous devez couper toutes ensemble, d'un seul coup de ciseaux.

Pour réussir, écartez largement les lames de ceux-ci, dans lesquelles vous emprisonnez le cœur ; donnez une forte pression lorsque vous voulez réunir les anneaux des ciseaux, et les dernières feuilles tombent.

Après cette ablation, la grosseur de l'Artichaut est

réduite de moitié, car, s'il fallait les laisser tels que vous les avez cueillis pour le blanchiment, des récipients d'une grandeur démesurée seraient nécessaires pour contenir neuf à dix Artichauts.

Au fur et à mesure que vous sectionnez les feuilles, plongez les Artichauts dans un récipient rempli d'eau froide pour les débarrasser des poussières et des impuretés qui se sont amassées dans les interstices et qui apparaissent nettement, maintenant que ceux-ci sont dégagés. Vous les ferez encore plus sûrement disparaître en les brossant légèrement.

N'attendez pas d'avoir terminé ce travail pour mettre l'eau du blanchiment à bouillir. Afin de gagner du temps, celle-ci doit être bouillante, aussitôt les Artichauts préparés. Proportionnez la quantité d'eau au nombre de fonds; elle doit être assez abondante pour qu'ils baignent entièrement.

IV. — BLANCHIMENT PROLONGÉ ÉQUIVALANT A UNE DEMI-CUISSON.

Le blanchiment pendant quelques minutes, recommandé pour les autres légumes, est insuffisant pour les Artichauts; laissez-les pendant vingt-cinq à trente minutes dans l'eau bouillante, ce qui équivaut à une demi-cuisson, et ne les enlevez que lorsque les feuilles se détachent sans trop de difficulté.

Mais, tandis que pour la majorité des légumes, aucune autre manipulation n'est nécessaire avant de les mettre en flacons, pour les Artichauts, il vous faut enlever la base des feuilles et le foin, et il est indispensable que celles-ci ne se détachent qu'après le temps de cuisson indiqué ci-dessus afin d'obtenir le fond intact.

Aussitôt le nettoyage des Artichauts terminé, glissez-les dans l'eau en ébullition ; jetez dans cette eau 20 grammes de sel pour 10 litres, et couvrez le récipient. L'ébullition s'est arrêtée ; lorsqu'elle reprend, comptez vingt-cinq à trente minutes de cuisson pour les gros et quinze à vingt minutes pour les petits. Ce temps est subordonné à la fraîcheur des Artichauts : plus ils sont frais, moins de temps ils demandent. Surveillez-les donc et lorsque vous constatez la demi-cuisson, dressez-les et mettez-les de nouveau dans une bassine remplie d'eau froide courante, pour qu'ils refroidissent et raffermissent tout à la fois.

V. — POUR QUE LES FONDS RESTENT BLANCS.

Le plus délicat reste à faire : il faut que les fonds gardent leur blancheur, car un fond noirâtre n'est pas présentable.

Pour obtenir ce résultat, on recommande souvent l'emploi du citron ou de l'acide citrique dissous dans l'eau. Je n'ai pas essayé ce procédé, et je crains qu'il ne communique à la chair de l'Artichaut un petit goût piquant.

Je préfère un moyen plus naturel et vous conseille plutôt de faire vos préparations rapidement ; laissez toujours les fonds sous l'eau courante, même lorsqu'ils sont encore recouverts des écailles, et surtout lorsque vous avez procédé à la suppression de celles-ci, c'est indispensable. Cette observation est d'autant plus précieuse que l'eau n'a aucune action sur le goût des fonds, ainsi que je l'ai toujours constaté.

VI. — ENLÈVEMENT DES ÉCAILLES.

L'enlèvement des écailles doit être fait adroitement,

afin de ne pas endommager le fond. Cette opération n'est pas compliquée ; mais elle doit être faite avec soin.

Ne déchirez pas brusquement chaque écaille en la tirant vers vous ; vous auriez vite fait d'enlever à la base de chacune d'elles une partie du fond ; au contraire, la fraction charnue, accolée à la base de chaque écaille, doit en être détachée pour rester adhérente au fond.

Voici comment vous pratiquerez pour la bien conduire :

Tenez toujours les mains sous l'eau. Saisissez chaque feuille délicatement entre le pouce et l'index ; renversez-la sans tirer dessus, elle se détache d'elle-même, sans la fraction de chair du fond qui y adhère, par la légère pression que vous faites en dessus avec le doigt majeur. Plus les écailles sont près du fond, plus il faut que vous y apportiez d'attention. La main gauche doit notamment bien soutenir le fond et éviter ainsi les secousses occasionnées par l'enlèvement des écailles.

Toutes les feuilles étant détachées, ôtez le foin en le saisissant par pincées, et tirez chacune d'elles en levant ; ne vous servez ni d'un couteau ni d'une cuiller : ces ustensiles mal dirigés ont l'inconvénient d'abîmer le fond.

Si vous avez quelque difficulté pour détacher le foin, car parfois il adhère fortement, et qu'après vous aperceviez quelque fin duvet dans l'excavation, débarrassez-le doucement avec le dos d'un couteau ou le manche d'une cuiller, mais sans trop appuyer. En suivant ces conseils, le fond est vite débarrassé des feuilles-écailles et du foin.

VII. — PAREZ CHACUN DES FONDS.

Aussitôt les feuilles et le foin enlevés, parez le fond afin de faire disparaître le plus possible les rugosités et les petites cavités en sillons provenant de l'enlèvement des feuilles, et d'obtenir une surface plus lisse. Prenez pour cela chacun des fonds successivement, et râpez légèrement toute la surface rugueuse extérieure avec le dos d'un couteau ou d'une cuiller pour les aplanir. Sectionnez et rafraîchissez également la base du fond en enlevant une mince rondelle de la tige, partie gardant souvent quelque amertume. Cela fait, passez l'extrémité du manche de la cuiller à l'intérieur, pour enlever les quelques duvets du foin qui peuvent encore y adhérer.

Gardez-vous de presser le fond dans la main, car vous l'écraseriez. Saisissez-le de telle façon que la moitié de celui-ci repose légèrement sur les doigts qui l'ont saisi, le pouce placé à la partie inférieure et au milieu. Tournez-le doucement au fur et à mesure que vous en parez la surface.

L'une de nos photographies montre au premier plan un fond paré extérieurement et dont le duvet du milieu est encore à parer, à côté d'autres qui ne le sont pas encore. Pour la clarté de la démonstration, et pour vous faire remarquer cette différence, les fonds ont été sortis de l'eau; mais, en fait et sous aucun prétexte, gardez-vous de les sortir au cours de la préparation, car ils auraient des tendances à noircir.

VIII. — UTILISEZ LES FLACONS D'UN DEMI-LITRE.

Préférez pour cette préparation les bocaux d'un demi-litre aux plus grands. Ces derniers contiennent trop de fonds, et vous aurez rarement l'utilisation d'un aussi grand nombre le même jour. Or, quel que soit le genre de Conserve, il faut toujours éviter de laisser un flacon en vidange lorsqu'il a été débouché, car le contenu peut s'altérer. Il vaut mieux déboucher deux flacons d'un demi-litre pour une préparation que de courir le risque de n'utiliser qu'une partie du contenu d'un bocal d'un litre et de perdre l'autre.

Un bocal d'un demi-litre contient de 8 à 10 fonds charnus et larges et de 12 à 15 fonds petits. Cette quantité est suffisante pour la préparation d'un plat copieux, soit que l'on laisse ces fonds entiers, soit qu'on les fractionne.

IX. — MISE DES FONDS EN FLACONS.

Après avoir nettoyé parfaitement le bocal, placez les fonds d'Artichauts un à un ; mettez les trois doigts : index, majeur, annulaire, sur la partie concave du dessus, et le pouce en dessous, de telle sorte que le fond repose dans le creux de la main et soit protégé par la paume. N'essayez pas de les faire pénétrer horizontalement, vous risqueriez de les casser ou de les endommager.

Introduisez-les en les présentant légèrement de biais pour éviter qu'ils ne se fractionnent, et soutenez-les avec les doigts jusqu'à ce que la base ait touché la partie inférieure du bocal.

Lorsque le premier fond est placé, posez successivement les autres dessus, comme si vous montiez une pile de soucoupes, tous s'enclavant les uns dans les autres sans peine. Aussitôt le bocal rempli, ce qui a lieu très rapidement, faites le plein avec de la saumure très légère.

Placez successivement couvercle et ressort, et *mettez à stériliser pendant une heure trois quarts pour les litres, une heure et demie pour les demi-litres*[1] (*bouchages her-*

1. La cuisson se fait plus rapidement dans les boîtes en fer-blanc ; aussi je vous conseille de lire les remarques relatives à celles-ci dans le Volume I de cet ouvrage, Chapitres III et VIII, paragraphes I et II.

métiques) ; ne laissez pas refroidir dans le bain. Pour les flacons à bouchage pneumatique, désoxygénez jusqu'à 90 *degrés, pincez les tétons, ébullitionnez trente minutes et laissez refroidir dans le bain.*

Cette préparation, si elle est minutieuse, ne présente aucune difficulté ; et ce mets de choix vous serez heureuse de le trouver à contre-saison, puisque, à défaut d'Artichauts frais, les fonds conservés peuvent remplir le même office.

CHAPITRE III

LES ASPERGES

I. CHOIX DU BOCAL. || II. L'ÉPOQUE DE CONSERVATION. || III. CHOIX DES ASPERGES. || IV. NETTOYEZ LES ASPERGES CONVENABLEMENT. || V. PROPORTIONNEZ LES ASPERGES A LA HAUTEUR DES FLACONS. || VI. METTEZ LES ASPERGES EN BOTTES POUR LE BLANCHIMENT. || VII. COMMENT PLACER LES ASPERGES DANS LES BOCAUX. || VIII. A COMBIEN REVIENT UN BOCAL D'UN LITRE.

L'ASPERGE, tant appréciée des gourmets, est d'une production normale si éphémère en saison, qu'en dehors de celles récoltées en plein air, elle reste un légume de luxe, car les Asperges de culture forcée et retardée, en serre et sous châssis, qui donnent une succession de récoltes d'un bout de l'année à l'autre, gardent toujours leur prix parce que coûteuses à produire. La cueillette sur une seule plantation ne dure guère plus de deux mois, et les productions échelonnées de pleine terre, du Midi jusqu'au Nord, ne fournissent du turion à la consommation que durant trois à quatre mois au plus. Or, pour peu que vous ayez un plant d'Asperges assez étendu et soigné, il donne tellement en Mai-Juin, dans le centre et le nord de la France, qu'à moins d'en servir chaque jour sur la table, une grande partie des cueillettes journalières

FIG. 5. — MISE EN FLACON DES FONDS D'ARTICHAUTS.

Introduisez les fonds un à un et montez-les en pile; ils se superposent seuls et s'enclavent facilement les uns dans les autres.

FIG. 6. — BOTTE D'ASPERGES AVANT LE BLANCHIMENT.

Afin de ne pas endommager les Asperges, en les retirant du récipient où elles doivent être blanchies, réunissez et liez-les par botte.

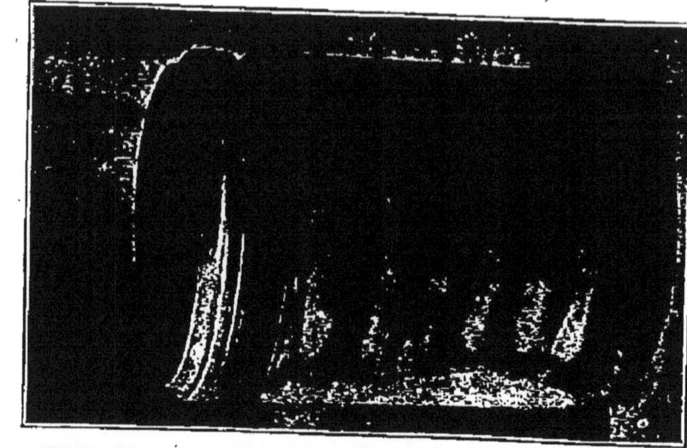

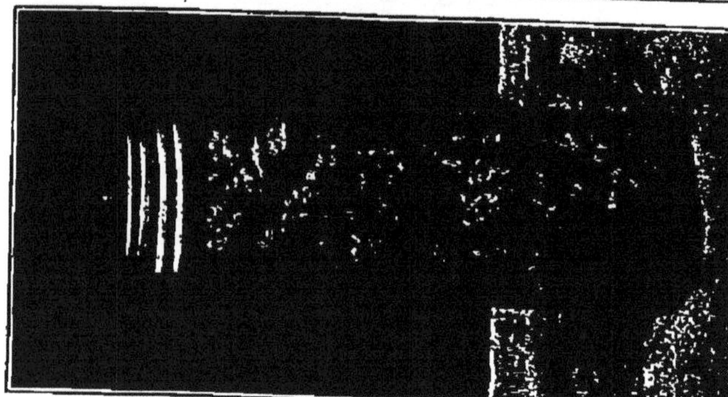

FIG. 7, 8, 9. — TROIS BOCAUX STÉRILISÉS, SYSTÈME HERMÉTIQUE ET PNEUMATIQUE.

Voici trois types de conserves différents (de gauche à droite) : Pointes vertes d'Asperges, Chou-fleur, Fonds d'Artichauts. Remarquez que chacun des couvercles s'est incurvé au centre.

demeurent inutilisées, tandis que, quelques semaines après, vous en êtes privée.

Si votre plant est à la fois jeune et bien constitué, la cueillette en doit être abondante en saison ; prélevez donc sur votre récolte une provision pour l'hiver et mettez celle-ci en Conserves ; suivez de point en point les opérations qui vont vous être successivement représentées et décrites, et je vous garantis une réussite tellement complète que le gourmet le plus délicat ne saura pas toujours découvrir qu'il s'agit d'Asperges conservées.

Ne laissons pas non plus accréditer cette sentence souvent imprimée : « L'Asperge est de tous les légumes le plus délicat à conserver »; erreur, c'est un des plus faciles.

SUCCESSION DES OPÉRATIONS. — Grattez les Asperges et proportionnez leur longueur à celle des flacons, lavez-les minutieusement, aucune molécule de terre ne doit subsister. Réunissez-les en bottes de 15 à 20 et blanchissez celles-ci à l'eau bouillante légèrement salée pendant six à huit minutes. Plongez-les ensuite dans un bain froid courant pour les raffermir, égouttez sur un tamis et mettez en flacons la tête en bas. Mouillez d'une saumure à 3 degrés. Bouchez et stérilisez.

I. — CHOIX DU BOCAL.

L'Asperge longue, sans l'être démesurément, est plus présentable que la courte. Aussi, je vous conseille, de préférence, les bocaux d'une hauteur de 20 à 25 centimètres et demi sur 8 à 10 centimètres de diamètre. Dans ces bocaux d'une contenance d'un litre environ, vous pouvez placer, suivant leur grosseur, de 13 à 17 Asperges de 1 centimètre et demi à 3 centimètres de diamètre pesant ensemble de 800 à 850 grammes avant nettoyage, et de 600 à 650 après, soit un déchet d'un quart environ sur le poids. Les flacons n° 5 (Bouchage pneumatique) contiennent de 12 à 14 Asperges moyennes, le flacon 45 en contient de 25 à 30. Ces indications pourront vous servir pour fixer les quantités d'Asperges à préparer.

II. — L'ÉPOQUE DE CONSERVATION.

L'époque choisie pour la mise en Conserves ayant quelque influence sur le résultat, je vous conseille de faire cette préparation dès le début de la production, c'est-à-dire dans la première quinzaine de Mai dans le sud et le centre de la France ; et, dans les autres régions, jusque dans les derniers jours de Mai, après que vous avez dégusté fraîches les premières cueillettes comme primeurs.

Si vous tardez quelque peu, et que vous reportiez cette opération en Juin, le résultat ne sera peut-être pas mauvais, mais vous risquez d'avoir moins de choix dans les turions, et beaucoup de ceux-ci peuvent être creux ou filandreux. Les Asperges cueillies de bonne heure en saison, mises en Conserves immédiatement, gardent en outre ainsi plus de saveur et se rapprochent davantage de celles dégustées fraîches. Elles sont également moins coriaces que celles que vous cueillez en fin de saison, à une époque où la terre échauffée, dessèche plus rapidement leur épiderme et où l'action des rayons solaires en durcit les sommités.

III. — CHOIX DES ASPERGES.

Préférez la variété d'*Argenteuil à pointes violettes*, qui est la plus estimée pour sa saveur, et ne mettez en Conserve que les grosses et les moyennes, à moins que vous ayez une préférence pour les petites. A défaut de cette variété, employez celles dont vous disposez.

Les Asperges doivent être conservées très fraîches et non ridées. Préparez-les donc de préférence le jour même de leur cueillette ; vous les garderez ainsi plus fermes et plus tendres. Mais, comme il est plus économique d'en préparer à la fois six ou sept flacons de manière à ne procéder qu'à une seule cuisson ; si votre cueillette journalière est insuffisante pour assurer la quantité nécessaire, mettez-les dans la cave aussitôt après sur une couche de sable frais, qui leur conserve leur turgescence et leur fermeté, et empêche que leur épiderme ne devienne dur et filandreux à l'excès. Si vous deviez compléter votre provision par des achats, prenez les mêmes précautions. Dans le cas où quelques-unes seraient fanées, une immersion de quelques minutes dans l'eau froide remédie en partie à cet inconvénient; mais ne faites pas une généralité de ce moyen.

IV. — NETTOYEZ LES ASPERGES CONVENABLEMENT.

Lorsque vous avez choisi les Asperges à conserver, nettoyez-les soigneusement. J'insiste sur cette opération élémentaire, et je vous conseille de couper d'abord les petites écailles qui s'échelonnent parfois autour de la tige et servent de réceptacle à la terre.

Une immersion dans l'eau, même prolongée, n'a quelquefois pas raison de cette petite agglomération terreuse, où même la brosse ne peut pénétrer (ce qui nuit toujours aux légumes), et, dans ce cas, ce nettoyage insuffisant rend les Asperges croquantes et détestables.

Pour bien enlever les parties coriaces de l'Asperge, employez toujours le couteau de cuisine effilé. Posez la base du légume sur une planche, une table de cuisine, etc., sans raideur et sans appuyer, car l'Asperge se casserait nettement au milieu. Grattez doucement en tournant lentement celle-ci, de façon que le couteau ne bouge pas ; la partie à nettoyer doit venir d'elle-même se présenter au coupant de la lame pour être débarrassée à son tour de son enveloppe dure. Procédez à ce râclage jusqu'à la moitié inférieure de l'Asperge, car la partie supérieure ne demande aucun nettoyage, puisqu'elle constitue la partie tendre et comestible du légume.

Il ne faut pas, cependant, sous prétexte de faire entrer une Asperge de plus dans le bocal, ôter toute l'enveloppe fibreuse jusqu'au centre, car vous enlevez alors à l'Asperge sa tenue et sa fermeté ; elle se gorge davantage d'eau et se plie lorsqu'on la mange.

V. — PROPORTIONNEZ LES ASPERGES A LA HAUTEUR DES FLACONS.

Quand tous les filaments et fragments d'épiderme sont tombés sous le couteau, rafraîchissez la coupe de la base et raccourcissez-la si elle est trop longue, pour qu'elle puisse tenir largement dans le bocal, en la sectionnant nettement. Vous lui conserverez donc une longueur de 17 à 18 centimètres, qui laisse de 2 à 3 centimètres de vide entre l'extrémité de l'Asperge et la hauteur du type de bocal conseillé. Cependant, lorsque l'Asperge est dure, il n'y a pas d'inconvénient à diminuer cette longueur, surtout pour les Conserves destinées à être consommées à la table familiale. Dans ce cas, sectionnez l'extrémité inférieure jusqu'au point où il vous semble que l'Asperge n'offre plus trop de résistance. Il est difficile de préciser davantage pour la suppression de la base ; elle dépend surtout des Asperges choisies : de leur fraîcheur, de la vigueur et de la jeunesse du plant qui les a produites. Ne préparez pas trop d'Asperges à l'avance ; étant donné le temps nécessaire aux manipulations qui se succèdent, il n'est pas bon de les faire attendre trop, si on veut éviter qu'elles ne se fanent et jaunissent quelque peu. Il est de beaucoup préférable, à mon avis, de mener seulement de front la composition de deux bocaux, c'est-à-dire que, pendant le blanchiment et le rafraîchissage d'une première provision, vous en nettoyez une seconde.

VI. — METTEZ LES ASPERGES EN BOTTES POUR LE BLANCHIMENT.

Lorsque les Asperges sont épluchées, lavez-les soigneusement une à une pour qu'il ne reste aucune parcelle de terre. Formez-en une botte de quinze à vingt, que vous liez avec une ficelle un peu grosse, pour les blanchir. Ce bottelage a son importance : il est d'abord plus expéditif que de plonger une à une les Asperges dans la bassine, vous risquez moins de les endommager en les retirant. Votre botte ainsi préparée, faites-la blanchir ; pour cela glissez-la doucement dans l'eau bouillante légèrement salée, puis laissez tremper huit minutes. Enlevez-la alors prestement avec l'écumoire et refroidissez-la dans une autre bassine contenant de l'eau froide souvent renouvelée, ou à l'eau courante préférablement. Pour que les Asperges refroidissent plus vite dans l'eau, tirez un des bouts de la ficelle, ce qui dénoue les boucles de la botte, permettant à celle-ci de se défaire et aux Asperges de s'étaler dans la bassine.

Après complet refroidissement, levez les légumes avec l'écumoire en prenant soin de ne pas casser les têtes ; faites-les égoutter sur un tamis large et remplissez le flacon.

VII. — COMMENT PLACER LES ASPERGES DANS LES BOCAUX.

Il s'agit maintenant de faire tenir le plus d'Asperges possible dans le bocal, sans toutefois les presser exagérément au point d'en casser la partie supérieure. Pour y parvenir sans difficulté, tenez le bocal incliné pendant l'introduction des Asperges, ou couchez-les franchement sur un appui quelconque. Si vous posiez le bocal verticalement, toutes les Asperges tomberaient les unes sur les autres, et il serait impossible d'en placer plus de huit à dix.

Introduisez donc les Asperges une à une et la *tête en bas*, en prenant soin que toutes les pointes soient au même plan. Cette présentation anormale est motivée par le détail suivant : pendant la cuisson, dès que l'eau commence à bouillir, les Asperges remontent et l'extrémité vient s'appliquer au couvercle ; ascension qui applatirait les têtes et les déformerait si on n'y prenait garde. Quant aux dernières à placer, prenez toutes les précautions pour ne pas les endommager. Engagez-les doucement entre les autres et dès que vous sentez une légère résistance, tournez-les en les introduisant. Elles se font ainsi un passage sans crainte pour leur forme.

Dès que le plein du bocal est fait, versez la saumure à 3 degrés, et observez que celle-ci s'arrête à 2 centimètres environ des bords supérieurs du bocal. Assurez la fermeture ainsi qu'il est indiqué dans la première partie du Volume I de cet ouvrage.

Stérilisez pendant une heure et demie pour les flacons à fermeture hermétique, mais ne les laissez pas refroidir dans le bain ; pour les flacons du bouchage pneumatique, désoxygénez jusqu'à 90 degrés, pincez les tétons, ébullitionnez trente minutes et laissez refroidir dans le bain.

VIII. — A COMBIEN REVIENT UN BOCAL D'UN LITRE.

Comme on considère souvent que la Conserve d'Asperges est une des plus coûteuses, établissons-en le prix de revient :

	fr.
Asperges du jardin à 0 fr. 40 le kil.	0,40
Bocal (amortissement), caoutchouc, couvercle.	0,20
Préparation, rangement (temps passé)	0,30
Cuisson.	0,10
Total	1,00

Il faut compter six heures pour préparer les Asperges de sept bocaux et les stériliser.

Nous évaluons les bocaux à 0 fr. 20 par année ; c'est plutôt beaucoup : un bocal complet (verre, ressort, couvercle, etc.) coûte 0 fr. 70 ; le couvercle à remplacer, 0 fr. 10.

Quant aux Asperges, nous les estimons largement au prix de revient, si elles sont produites par le jardin ; mais, si vous deviez les acheter, il vous faudrait les compter 1 franc le kilogramme pour un choix parfait.

Maintenant que vous êtes fixée sur le prix de revient, que mes recommandations ne vous effraient pas ; elles sont plus simples à suivre et à exécuter qu'à décrire. Je sais que l'on a contre les Conserves d'Asperges du commerce une prévention souvent justifiée; mais celle-ci ne saurait demeurer en les préparant par la méthode ci-dessus, qui les garde à la fois fermes et tendres à croquer.

CHAPITRE IV

LES POINTES D'ASPERGES VERTES

I. POUR AVOIR DES ASPERGES VERTES. || II. CONSERVEZ-LES EN FLACONS GRANDS ET MOYENS. || III. SÉPAREZ LA PARTIE TENDRE DE LA PARTIE CORIACE. || IV. DÉTACHEZ LA POINTE DE LA BRANCHE VERTE. || V. REMPLISSEZ LE FLACON.

Ce légume délicat, dont la production est plutôt restreinte, si on la compare à celle des grosses Asperges blanches et violettes, est très recherché, ce qui en maintient le prix, malgré l'accroissement de la production. On désigne communément sous le nom de pointes vertes ou d'Asperges vertes, les pousses vertes d'Asperges dont la grosseur est à peu près celle d'un crayon.

SUCCESSION DES OPÉRATIONS. — Prenez seulement la partie tendre de l'Asperge qui ne doit pas être plus grosse qu'un crayon, leur finesse exclut le nettoyage. Lavez-les, séparez la pointe de la branche. Blanchissez les pousses pendant trois minutes, la pointe pendant une seulement en raison de sa fragilité. Divisez chacune des pousses en fragments de 1 à 2 centimètres de longueur. Mettez en bocaux grands et petits, et mélangez uniformément par couches pointes et fractions. Mouillez d'une saumure très légère, bouchez, stérilisez.

FIG. 10, 11. — SÉPAREZ LA PARTIE TENDRE DE L'ASPERGE ET COUPEZ-LA.
Courbez l'Asperge comme si vous vouliez relier ensemble les deux extrémités ; et divisez la partie tendre en fragments de 1 centimètre et demi à 2 centimètres de longueur.

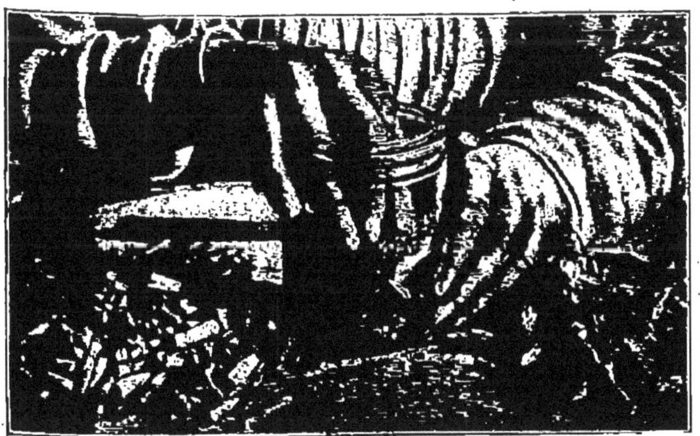

FIG. 12. — MISE DES POINTES EN BOCAL.
Introduisez pointes et fractions par petite quantité ; alternez les couches, et tassez-les suffisamment sans les écraser.

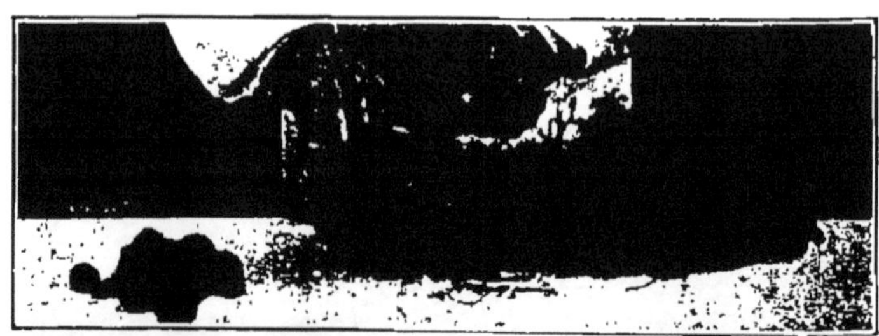

FIG. 13, 14. — APRÈS L'ÉPLUCHAGE BLANCHISSEZ LES CAROTTES.
Pochez les Carottes pendant huit minutes dans l'eau bouillante salée, rafraîchissez-les aussitôt pour les raffermir ; et égouttez-les avant de les mettre en flacons.

FIG. 15, 16. — METTEZ EN FLACONS ET REMPLISSEZ DE SAUMURE.
Placez les Carottes en laissant le moins de vide possible ; tassez le flacon et mouillez de saumure légère chaude.

LES POINTES D'ASPERGES VERTES

I. — POUR AVOIR DES ASPERGES VERTES.

Dans le commerce, les Asperges vertes sont vendues par bottillons de 8 à 10 centimètres de diamètre, dont le prix varie avec la saison. Ces Asperges de primeurs et en culture avancée sont d'abord payées 3 francs, 2 fr. 50, 2 francs, 1 fr. 50, 1 franc, du début de l'hiver aux premiers jours du printemps ; puis les produits s'abaissent à 0 fr. 60 en production normale.

Les Asperges vertes ont à la fois une saveur très délicate et très prononcée. Elles constituent la base de mets soignés que l'on est heureux de confectionner même hors saison. Mises en Conserves, elles ne perdent rien de leurs qualités naturelles, soit qu'elles relèvent un potage, en l'émaillant de leurs pointes, ou le constituent en entier; soit qu'elles comblent les bouchées, qu'elles entourent les filets, les ris de veau ou autres pièces de boucherie; soit qu'elles constituent le légume principal d'un déjeuner, elles sont fort appréciées et indiquent toujours un plat délicat que l'on aime à présenter le jour où l'on reçoit.

Lorsque vos plants d'Asperges en saison normale ne donnent plus, vous pouvez orienter vos cultures pour assurer une production d'Asperges vertes toute l'année ; mais, si vous n'avez ni le matériel, ni le personnel pour cela, faites des Conserves de tiges coupées en production normale.

A défaut d'une plantation spéciale, réservez à la cueillette dans votre plant d'Asperges les plus petits turions d'un diamètre au-dessous de 1 centimètre; elles conviennent pour cet usage, et ne diminuent pas la récolte des blanches que vous désirez avoir plus grosses.

Au lieu de couper ces petites Asperges lorsqu'elles sortent de terre, laissez-les pousser. De blanches qu'elles étaient, leurs pointes se colorent d'abord de violet; puis, en s'allongeant, ces turions prennent une fort jolie teinte vert clair. Coupez ces Asperges lorsqu'elles ont atteint 10 à 15 centimètres de longueur.

Si vous en avez peu et qu'il vous soit nécessaire de faire plusieurs coupes avant de réunir la quantité nécessaire à la préparation de cinq à sept bocaux, mettez-les immédiatement à la cave après la cueillette, et recouvrez-les entièrement de sable frais ; l'air ne les altérant pas, elles peuvent attendre de quatre à six jours sans que leur saveur soit compromise.

Notez que les Asperges qui poussent très rapidement sont préférables aux autres pour la préparation de ces Conserves; plus elles poussent lentement, plus elles sont dures et fibreuses sur leur plus grande longueur ; au contraire, si elles s'accroissent vite, lors d'un temps chaud succédant à une courte période pluvieuse, elles restent tendres sur leur plus grande longueur.

Aussi, le meilleur moment de faire ces Conserves avec des produits de pleine terre est le milieu de la saison, c'est-à-dire en Mai-Juin, pour le centre de la France, mois pendant lesquels elles poussent le plus rapidement. Au contraire, la première quinzaine de Mai est préférable dans le Midi et le Sud-Ouest, où la végétation est plus hâtive et plus rapide à cette époque. C'est aussi pendant cette période que vous pourrez les acheter dans les meilleures conditions.

II. — CONSERVEZ-LES EN FLACONS GRANDS ET MOYENS.

Sauf quelques petits détails d'exécution, les pointes

d'Asperges se préparent de la même façon que les Asperges en branches.

Mettez en flacons d'un demi-litre celles que vous destinez comme garniture et à la préparation des potages, et dont le contenu suffit pour huit à dix personnes. Servez-vous au contraire de flacons de 1 litre pour celles devant constituer des plats de légumes dont le contenu vous fournit un plat copieux pour six à huit personnes. Comptez sur deux bottillons d'Asperges vertes du commerce de vingt tiges chacun pour un bocal d'un demi-litre et, par conséquent, sur le double pour celui de 1 litre. Ce dernier contient environ 500 grammes de pointes d'Asperges.

Que vous achetiez les Asperges ou que vous les récoltiez dans votre jardin, sachez les choisir. Il les faut fraîches et tendres, d'une couleur franchement verte ; elles doivent être à la fois rigides et cassantes. La couleur vert jaunâtre, une peau ridée et molle, sont l'indice d'un manque de fraîcheur. Si c'est au contraire le jardin qui vous fournit votre provision, cette observation n'a pas sa raison d'être, étant donné que vous préparez la conserve le lendemain ou le jour de la cueillette. Dans les deux cas, choisissez-les de la grosseur d'un crayon environ avec une partie verte et tendre aussi longue que possible.

III. — SÉPAREZ LA PARTIE TENDRE DE LA PARTIE CORIACE.

Tandis que la partie supérieure de l'Asperge verte reste tendre et casse comme du verre, la partie inférieure devient coriace et fibreuse. La première est parfaite ; la seconde vous fournirait un mets peu agréable ; séparez donc l'une de l'autre.

Voici comment vous allez opérer : prenez chaque branche une à une, l'extrémité inférieure tenue entre le pouce et l'index de la main gauche, tandis que la pointe est saisie par les deux mêmes doigts de la droite. Rapprochez la main droite du milieu et pliez doucement l'Asperge, comme si vous vouliez lui faire dessiner un arc de cercle. Cette tension la fait casser sec, juste au point où elle cesse d'être comestible, séparant nettement cette partie supérieure tendre de la base coriace et ligneuse qui l'attachait au turion.

Jetez cette dernière inutilisable et réservez la première. Cette partie tendre est d'autant plus longue que l'Asperge s'est développée rapidement. Vous n'avez pas à gratter la partie à consommer, comme vous le faites pour les Asperges en branches, leur finesse dispense de ce nettoyage.

Quand vous aurez ainsi séparé ces deux parties, lavez-les soigneusement, car les tiges vertes sont fragiles, et il ne faut pas les endommager ; il est d'ailleurs inutile qu'elles restent dans l'eau trop longtemps. Un simple lavage à l'eau courante suffit, d'autant mieux que ces Asperges, développées au-dessus du sol, ne sont pas terreuses comme les blanches. Au fur et à mesure qu'elles sont lavées, dressez-les sur un tamis et laissez égoutter l'eau pendant quelques minutes. Sachez, pour votre gouverne et vos évaluations, que la perte des parties non utilisables est de plus de moitié (environ les neuf seizièmes); c'est ainsi qu'un bottillon de 275 grammes ne fournit guère que 125 grammes de pointes et fractions tendres d'Asperges.

IV. — DÉTACHEZ LA POINTE DE LA BRANCHE VERTE.

Après ce léger repos, reprenez chaque branche et

divisez-la en deux parties : la tête ou pointe et la base. A l'aide d'un couteau tranchant, afin que la coupe soit nette et propre, sectionnez la pointe de chacune juste au-dessous du bouquet de folioles qui la constituent. Mettez-les à part, parce qu'elles sont plus délicates et doivent être blanchies moins longtemps que la base des tiges très tendres cependant. Blanchissez dans un récipient couvert, faites bouillir de l'eau en quantité suffisante pour que les fragments soient immergés.

Si vous avez beaucoup de pointes, mettez-les dans une ou plusieurs boules pour le blanchiment, ou blanchissez-les à part et mélangez-les seulement avec les fragments lors de la mise en flacons. Les pointes restent ainsi intactes, le transvasement dans le liquide à rafraîchir et l'écumoire les endommageant toujours quelque peu.

Dès que l'eau entre en ébullition, jetez les pointes dans le liquide bouillant et laissez-les seulement une minute. Rafraîchissez à l'eau courante et égouttez sur un tamis. Opérez maintenant le blanchiment des branches. Dès que l'ébullition recommence, plongez-les dans le bain en bottes de 15 environ ou en vrac, — en bottes préférablement, — et laissez-les y séjourner trois minutes.

Retirez ensuite le récipient du feu, levez les Asperges et mettez-les aussitôt rafraîchir dans de l'eau froide courante afin de les raffermir. Lorsque les branches sont suffisamment rafraîchies et refroidies, dressez-les définitivement sur un tamis, sectionnez en fragments de 1 centimètre et demi à 2 centimètres, puis mettez en bocal.

V. — REMPLISSEZ LE FLACON.

Disposez au fond de celui-ci, s'ils ne sont pas encore mélangés, une couche de fragments ; au-dessus, une couche de têtes, et successivement afin que l'un et l'autre soient répartis assez régulièrement. Tassez légèrement en vous gardant d'appuyer lourdement pour ne pas écraser les pointes fragiles.

Quand le plein est fait, ajoutez une saumure très légère (environ 4 à 6 grammes de sel pour un flacon d'un litre). Bouchez les flacons et *mettez à stériliser une heure et demie pour les flacons d'un demi-litre ; une heure trois quarts pour les litres (bouchages hermétiques) et ne laissez pas refroidir dans le bain. Pour les flacons à bouchage pneumatique, désoxygénez jusqu'à 90 degrés, pincez les tétons, ébullitionnez trente minutes. Laissez refroidir dans le bain.*

Vous apprécierez avec raison combien sont avantageuses ces provisions de savoureux et délicats légumes que vous serez enchantée de pouvoir faire servir sur votre table pour les repas de famille. Vos invités en apprécieront également la finesse et l'exquise saveur.

CHAPITRE V

LES CARDONS

I. Le Cardon doit être frais cueilli. || II. Épluchez minutieusement chacune des côtes.

Les Cardons, Choux de Bruxelles et Salsifis, se gardent frais l'hiver ; le Cardon au cellier ou sous tout autre abri ; les Salsifis en planches et les Choux de Bruxelles sur leurs pieds. Mais les premiers peuvent pourrir vite s'ils ne sont pas bien traités ; les seconds peuvent être arrachés à volonté, notamment par les temps de gelée et de neige, qui empêchent aussi de recueillir les troisièmes. En les conservant, vous en prolongez la consommation jusqu'en été, ce qui constitue des éléments de plus pour la variété des menus.

Préparez le Cardon, légume exquis que vous pouvez accommoder de différentes façons, même conservé, de la même manière que les Céleris à côtes ou en branches, Chapitre VII. Je compléterai cependant cette recette de conseils particuliers.

SUCCESSION DES OPÉRATIONS. — Choisissez les pieds frais cueillis ; rejetez les côtes creuses, ou par trop filandreuses ; grattez, effilez celles charnues. Lavez-les et sectionnez chacune d'elles sur une longueur correspondant à la hauteur des bocaux. Égouttez, blanchissez à l'eau bouillante salée ;

rafraîchissez à l'eau froide, laissez égoutter sur une passoire ou tamis, mettez en flacons, bouchez et stérilisez.

I. — LE CARDON DOIT ÊTRE FRAIS CUEILLI.

Les exigences, le choix et la fraîcheur du Cardon sont les mêmes, et les manutentions précédant la Conserve, identiques à celles du Céleri, seul l'épluchage est un peu plus minutieux. Je vous conseille donc de choisir les Cardons frais cueillis, en raison de la tendreté de leur chair et aussi pour leur parfum. Conservez-les donc avant leur rentrée en cave, ou tout au moins dans les premières semaines qui suivent celle-ci, lorsque le local dans lequel ils sont placés ne répond pas à leurs exigences; ou encore, s'ils ont été rentrés dans de mauvaises conditions.

Afin de bien vous démontrer l'importance de cette condition, rappelez-vous qu'un Cardon frais arraché cuit en une demi-heure environ, tandis qu'un autre, fané ou seulement conservé en cave, demande parfois un temps de cuisson double et triple avec le risque supplémentaire du goût perdu ou passé.

La variété la plus connue et la plus appréciée est le Cardon de Tours sans épines; mais, si vous en possédez une autre — telle le Cardon plein inerme ou Cardon Puvis, ce dernier particulier à la Bourgogne — et lui reconnaissez des qualités, employez-la.

II. — ÉPLUCHEZ MINUTIEUSEMENT CHACUNE DES COTES.

Après avoir sectionné la racine au ras du collet et supprimé le limbe des feuilles, choisissez parmi les côtes du Cardon celles qui vous paraissent les plus comestibles: les charnues et les pleines; par contre, délaissez complètement les creuses, qui ne sont que filandreuses. Grattez alors cette sorte de duvet qui recouvre l'intérieur des côtes ; retournez-les et enlevez les fils qui se trouvent au-dessus ; proportionnez ensuite la longueur des côtes avec la hauteur des bocaux de Conserves, afin que vous n'ayez pas ce travail à faire lors de la mise en flacons. Au fur et à mesure de l'épluchage, plongez les côtes dans un récipient contenant suffisamment d'eau pour qu'elles baignent complètement ; sans cette précaution, les chairs noirciraient. Lavez ensuite minutieusement et préparez-vous à blanchir ces côtes.

Le blanchiment des légumes peut être fait de deux façons différentes, à l'eau bouillante ou à l'eau froide. Si vous êtes absolument certaine de la fraîcheur des légumes, blanchissez-les à l'eau bouillante pendant dix minutes ; dans le cas contraire, mettez-les à l'eau froide salée et attendez l'ébullition ; laissez-les cuire cinq à sept minutes seulement et plongez alors votre provision — blanchie à l'eau froide ou bouillante — dans une grande bassine d'eau froide pour raffermir les côtes. Dès qu'elles sont complètement froides, levez-les avec l'écumoire et déposez les prises sur un tamis ou une passoire pour faciliter l'égouttage. Mettez ensuite en flacons d'un litre environ.

Introduisez chacune d'elles à l'intérieur comme vous le faites pour les Céleris et les Asperges, Chap. III, § 7 ; mouillez d'eau chaude pure sans sel également ; bouchez et stérilisez le même temps.

Les Cardons ainsi conservés peuvent être préparés de façons diverses : au blanc, au jus, au beurre, en salade, au gratin, au fromage, et dans chacune d'elles vous retrouverez leur parfum agréable.

CHAPITRE VI

LES CAROTTES

I. Quelles variétés préférer. || II. La forme n'est rien, le choix est tout. || III. Forez légèrement l'intérieur des Carottes. || IV. Pochez seulement les fines Carottes. || V. Préparez la saumure. || VI. Carottes au beurre fin et au jus.

Le jardin nous approvisionne généreusement de petites Carottes rouges de primeurs au printemps, de pleine terre l'été et l'automne, tandis que nous n'avons généralement en hiver que de gros spécimens conservés en silo, d'un goût très prononcé. Ce n'est pas celles-ci que je vous recommanderai de mettre en Conserves, puisque vous pouvez les garder fraîches plus simplement; elles manquent aussi trop de finesse. Ne préparez pour les plats spéciaux que les Carottes fines et tendres de primeurs de printemps et celles hâtives d'été [1].

SUCCESSION DES OPÉRATIONS : Carottes au naturel. — *Enlevez le feuillage, grattez ou pelez la Carotte suivant sa taille et sa fraîcheur. Enlevez le bourrelet supérieur d'une teinte verdâtre; pochez les Carottes à l'eau bouillante six minutes. Égouttez, rafraîchissez, placez en bocaux, versez la saumure avec du sucre, bouchez, stérilisez.*

1. *Vie à la campagne*. Des Carottes fraîches toute l'année, vol. IX, n° 109, p. 206.

Carottes au beurre. — *Mêmes manutentions que pour les précédentes. Ajoutez le beurre en remplacement de la saumure.*

Carottes au jus. — *Mêmes manutentions; ajoutez le bouillon clarifié en remplacement de la saumure.*

I. — QUELLES VARIÉTÉS PRÉFÉRER.

Faites préférablement les Conserves à la fin du printemps et au début de l'été, quand les légumes sont à point, ou plus tardivement au fur et à mesure de leur maturité.

Choisissez les Carottes indifféremment courtes ou longues, parmi les variétés que vous préférez : grelot, rouge à forcer parisienne, rouge courte de Hollande, demi-longue de Guérande, Nantaise, de Carentan, etc. ; ne les prenez pas trop petites, car elles n'ont pas encore acquis tout leur goût. Quoi qu'il en soit, employez-les surtout au moment où l'épiderme tendre vous permet encore de les gratter. C'est à ce moment, généralement trois à quatre mois après le semis, que le goût de la Carotte est le plus fin. Mais, si vous l'aimez plus prononcé, vous pouvez attendre celui où vous devez procéder à l'épluchage par l'enlèvement des lamelles de l'épiderme.

C'est un légume très facile, peu exigeant, ayant des avantages réels : d'abord excellent et sain, puis peu coûteux de préparation ; vous l'apprécierez surtout dans les derniers mois de l'année, époque où l'on sent davantage la nécessité d'avoir des légumes verts.

II. — LA FORME N'EST RIEN, LE CHOIX EST TOUT.

Préférez les Carottes de moyenne grosseur et assez régulières dans l'ensemble, ce qui évite le triage avant la mise en flacons. La coloration semblant avoir une répercussion sur la saveur, prenez les légumes les plus colorés, à peau lisse et luisante, plutôt que très pâle. L'épiderme ridé, comme pour tous les autres légumes, est pour les Carottes l'indice d'un état avancé ; veillez donc soigneusement à ce détail et, dans ce cas, abstenez-vous de les employer.

Si les Carottes sont terreuses, lavez-les d'abord pour ne pas maculer la chair ; nettoyez-les à la brosse dure jusqu'à ce qu'il ne subsiste plus le plus petit molécule noirâtre, et rincez-les à l'eau froide, en les y laissant le moins de temps possible.

Étendez ensuite la botte sur la table de cuisine ; commencez, avec le couteau, par séparer chaque Carotte de la tige verte qui la surmonte, et jetez le feuillage encombrant.

Quantité de personnes procèdent différemment : prenant en mains le légume, ils lui donnent une torsion, cassant et entraînant seulement une partie des pédoncules. Je vous déconseille cette pratique pour les raisons suivantes : elle vous obligerait à reprendre deux fois chaque Carotte avant l'épluchage définitif ; en outre, il est nécessaire que les tiges vertes soient sectionnées d'abord au ras du bourrelet, sans entamer la chair, pour permettre un épluchage parfait. Cette ablation favorise largement une des opérations suivantes : l'épluchage, donnant ainsi une prise plus grande et un appui au couteau.

III. — FOREZ LÉGÈREMENT L'INTÉRIEUR DES CAROTTES.

Vous avez remarqué, avant le départ des tiges vertes, un renflement de chair, sorte de bourrelet qui couronne chaque légume, formant au centre une petite excavation aux bords le plus souvent verdâtres. Il est nécessaire, avant toute chose, d'extirper cette partie verte. Pour y parvenir sans rien endommager, forez légèrement la Carotte avec un couteau de cuisine très pointu à lame fine, enlevant peu de chair, et procédez alors : soit à l'épluchage des Carottes, si elles ont un épiderme un peu rude et épais, soit simplement au grattage, si ce sont des produits excessivement frais et fins, genre primeurs; ceux-ci seront supérieurs aux premiers, bien entendu.

Pour gratter les fines Carottes longues ou rondes, saisissez les deux extrémités entre le pouce et l'index et forcez le légume à tourner, en vous aidant du troisième doigt de la même main, présentant ainsi une partie nouvelle au couteau sans avoir besoin d'une autre manutention. Si, au contraire, vous pelez les Carottes, « tournez-les », — terme de cuisine deux fois exact, — c'est-à-dire, après que vous avez supprimé la partie verte, enlevez l'épiderme circulairement, de façon qu'il forme un ruban en spires en se détachant. Ainsi la chair ne présente aucune hachure, à peine si vous sentez la reprise du couteau. Ne prenez que les légumes de bonne forme, et rejetez impitoyablement ceux fendus et déformés ou simplement piqués d'insectes. Pour les Carottes moyennes, prenez un point d'appui sur la table de cuisine ; mais dans le cas présent les légumes seraient trop détériorés.

Il n'est pas indispensable de laver les Carottes après l'épluchage quand elles l'ont été au début de l'opération, et surtout si elles sont restées parfaitement propres pendant ces manipulations. Dans le cas contraire, aussitôt l'épluchage terminé, plongez les petites racines dans une bassine d'eau, et relevez-les aussitôt.

IV. — POCHEZ SEULEMENT LES FINES CAROTTES.

Ne vous abstenez pas de blanchir ces légumes, même si vous jugez que cette opération est une « complication inutile ». Les Carottes seraient-elles les plus fines, qu'il convient de les ébouillanter quelques minutes, afin d'enlever la saveur un peu forte et légèrement musquée que leur chair possède.

Ayez donc un grand récipient rempli d'eau bouillante légèrement salée ; plongez-les toutes dans ce bain, puis remettez l'ustensile et son contenu sur le feu vif, en le couvrant bien. Dès que l'eau entre à nouveau en ébullition, éloignez l'appareil du feu, et laissez pocher doucement les Carottes à leur guise pendant six minutes. Ce temps est spécial aux légumes fins ; mais, si vous employez des Carottes moyennes, blanchissez-les dix minutes. Assurez-vous de leur état de cuisson en les piquant avec une épingle fine : celle-ci doit entrer de 1 centimètre dans la chair. Tenez toujours le couvercle fermé, afin que la chaleur ne diminue pas trop. Ce temps écoulé, dressez les légumes avec l'écumoire, et plongez-les aussitôt dans une bassine d'eau courante froide, pour qu'ils se raffermissent.

Après une attente de quinze minutes, vous pouvez lever les Carottes et les laisser égoutter sur un tamis avant de les placer dans les bocaux.

V. — PRÉPAREZ LA SAUMURE.

Dans un litre d'eau préalablement bouillie, mettez fondre 15 grammes de sel marin, puis ajoutez trois morceaux de sucre ; aidez la dissolution de celui-ci en agitant le liquide, et commencez alors à garnir les flacons.

Employez indifféremment les bocaux d'un litre et d'un demi-litre à volonté, et surtout suivant vos besoins.

Je vous déconseille d'introduire en vrac les Carottes, parce qu'elles se superposent les unes au-dessus des autres, laissant entre elles de grands vides inutiles, qu'accentue encore la cuisson. Il est mieux de les placer avec la spatule dirigée en plan incliné; les Carottes roulent successivement et se dispersent à leur guise. Pour parfaire ce placement, frappez le fond du bocal sur une table couverte d'un torchon ou autre pour amortir le choc. Ainsi, ce que la main n'a pu parvenir à exécuter convenablement, ces coups répétés doucement et à bon escient le font : les Carottes glissent les unes sur les autres, se pressent, tandis que les petites tombent dans les vides.

Quand le bocal est plein, mouillez-le avec la saumure légère préalablement préparée. Puisez-la avec une louche et donnez seulement une pleine louchée par bocal d'un litre, car il faut tenir compte de l'eau de végétation de ces légumes.

La préparation est achevée ; bouchez alors successivement les flacons en assujettissant bien le couvercle, et placez-les dans le bouilleur. Avec les bocaux à *fermetures hermétiques, comptez une heure et demie de cuisson pour les litres, une heure un quart pour les demi-litres ; et ne les laissez pas refroidir dans le bain. Quant aux bocaux à fermeture pneumatique, désoxygénez jusqu'à 90 degrés, pincez les tétons, faites bouillir vingt-cinq minutes et laissez refroidir dans le bain.*

VI. — CAROTTES AU BEURRE FIN ET AU JUS.

Préparez les Carottes de la même façon que pour la Conserve au naturel, mais changez seulement la composition de la saumure. Ajoutez à celle-ci environ 125 grammes de beurre fin et très frais pour les flacons d'un litre, la moitié pour ceux d'un demi-litre, et vous obtiendrez un produit d'une extrême finesse. Terminez le bouchage sans autres soins particuliers, et faites bouillir le même temps que pour les premières.

Les jeunes Carottes s'accommodent également bien des bouillons et jus de viande. Je vous conseille donc, afin de varier vos préparations, de mouiller quelques bocaux de bouillon clarifié préalablement, remplaçant la saumure. Cette préparation est excellente; les Carottes semblent macérer dans une gelée transparente qui leur donne les meilleures qualités; le seul grief qu'on peut lui faire, est le supplément de temps que la clarification du consommé demande; mais il ne faut pas économiser sur celui-ci quand on veut des produits de qualité supérieure. Même temps de cuisson que pour les précédentes méthodes.

Lorsque vous aurez pu essayer ces recettes, vous estimerez, avec moi, que, si la préparation en Conserve des petites Carottes demande plus de soins que n'en comporte le procédé de garder de grosses Carottes à pot-au-feu, dans la cave ou le silo, elle vous fournit les éléments de plats fins et les accompagnements « Jardinières » pour lesquels ces dernières ne peuvent guère être utilisées.

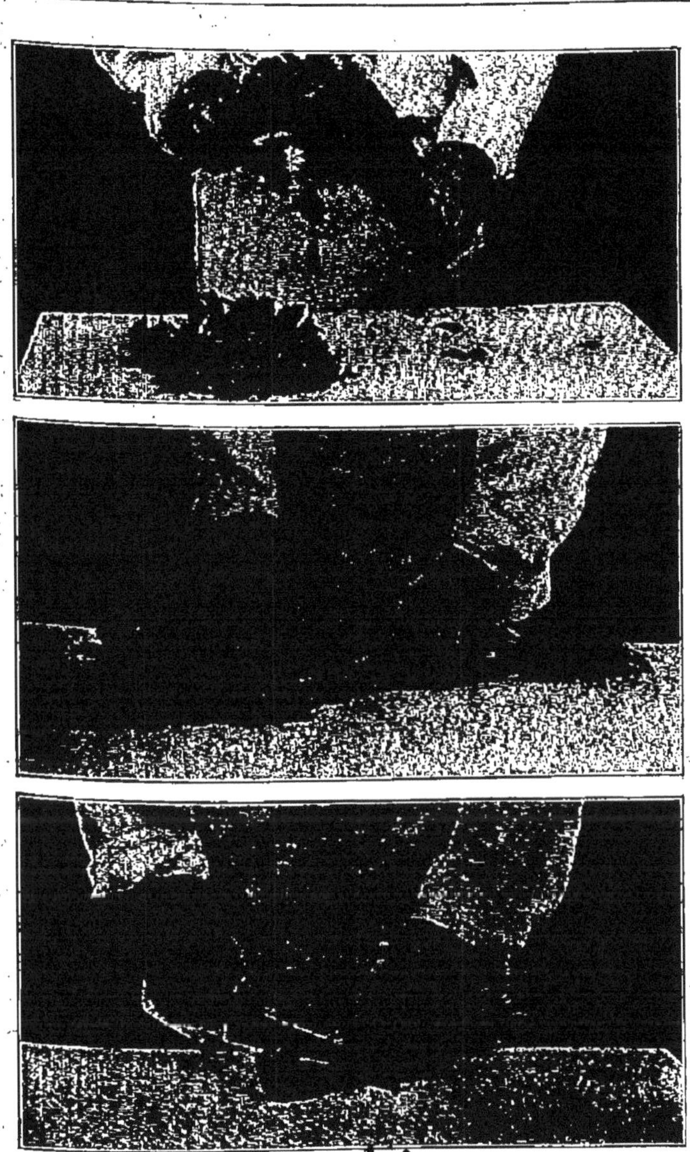

FIG. 17, 18, 19. — COUPEZ LES FEUILLES VERTES POUR DÉGAGER LES COTES.
Prenez un point d'appui sur la table pour enlever les feuilles vertes (la photographie du haut montre la manière défectueuse) ; rognez ensuite les racines, puis enlevez une rondelle épaisse séparant les côtes d'un seul coup.

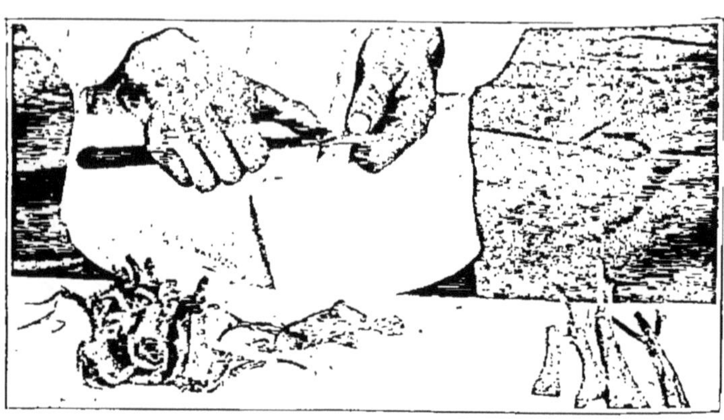

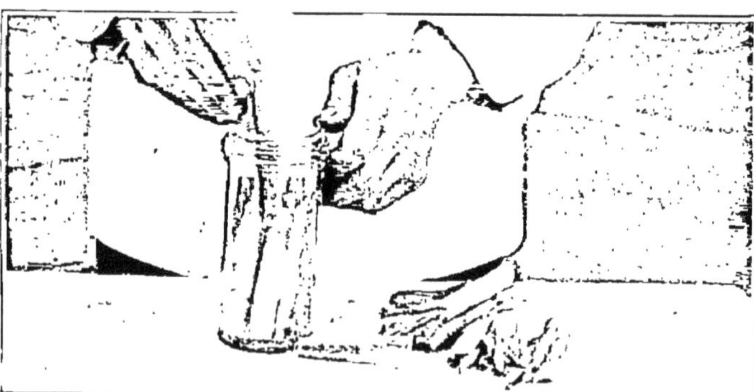

FIG. 20, 21, 22. — EFFILEZ, LAVEZ ET METTEZ LES CÉLERIS EN FLACON.

Enlevez minutieusement les fils sans entamer la chair, lavez-les à la brosse pour chasser toutes les impuretés, et lorsque les côtes sont nettes, introduisez-les en flacons comme les Asperges.

CHAPITRE VII

LES CÉLERIS EN BRANCHES

I. Variétés de Céleris convenant pour les conserves. || II. Supprimez la partie foliacée et les racines. || III. Effilez les pétioles des Céleris. || IV. Lavez les pétioles a la brosse. || V. Le Céleri craint le sel. || VI. Préparation des cœurs de Céleris entiers. || VII. Céleris au beurre et au jus.

Le Céleri, par excellence légume d'automne et d'hiver, n'est pas de ceux qu'on a coutume de conserver pour les mois froids qui privent la table de la majorité des légumes verts, puisqu'on se le procure frais jusqu'en Mai. Cependant, il peut être intéressant, pour les personnes qui l'aiment, de préparer en Novembre-Décembre où il est assez abondant et excellent, les éléments de plats savoureux et sains pour le printemps et l'été, alors que les provisions de Céleris frais de garde abritées sous châssis ou à la cave aux légumes sont épuisées, et que les Céleris nouveaux ne donnent pas encore.

Ce sont les nombreux et longs pétioles (nommés aussi côtes et branches) et la base charnue du collet — protubérance fournie par le départ des racines, analogue, en petit, à l'énorme racine du Céleri tubéreux — que l'on conserve après avoir supprimé les folioles.

Disposés verticalement dans des bocaux de verre, les

pétioles ont vaguement l'apparence de volumineuses Asperges. Ils comportent d'ailleurs, après leur séparation du pied, une préparation identique : enlèvement des fils, grattage, blanchiment, etc.

Vous pouvez aussi préparer de la même façon les Céleris au beurre, les Céleris au jus — et conduire la préparation de front avec celle des pétioles — les cœurs de Céleris entiers, ces derniers ne demandent qu'un petit supplément d'attention.

SUCCESSION DES OPÉRATIONS. — Coupez d'abord la partie foliacée jusqu'à la naissance des ramifications, sectionnez les racines fibreuses, enlevez ensuite une épaisse rondelle pour dégager les côtes, effilez-les, brossez-les longuement, de même pour les débarrasser de la terre, animalcules, etc., rafraîchissez, mettez en flacons, mouillez d'eau pure bouillie sans addition de sel. Bouchez et stérilisez. Même préparation pour les cœurs, mais ils doivent seulement « pocher » dans l'eau bouillante.

I. — VARIÉTÉS DE CÉLERIS CONVENANT POUR LES CONSERVES.

Il existe de nombreuses variétés de Céleris : les unes ont des pétioles verts assez élancés, nerveux à l'extérieur de chaque pied, entourant ceux du cœur, auquel le blanchiment par liage et le buttage ou la culture en fossé donnent une jolie teinte jaune-nacré étiolé ; les autres, plus volumineux et plus larges, d'un vert blond très pâle, sont produits par les pieds plus trapus que l'on butte aussi, mais qui, dès formation, ont des prédispositions au blanchiment.

Bien que j'apprécie les premiers, je leur préfère les seconds, d'ailleurs plus hâtifs et plus à point de bonne heure. Aussi, si votre jardinier cultive plusieurs sortes de

Céleris, préférez pour vos Conserves le Céleri plein blanc doré, le Céleri plein blanc court hâtif, et le Céleri plein blanc court à grosses côtes. Ces variétés sont plus hâtives et, par conséquent, mieux à point pour les préparations d'arrière-saison ; d'ailleurs, le Céleri vert, plus résistant et de meilleure garde frais, est peu employé pour les Conserves.

Lorsque les légumes sont achetés sur les marchés, c'est également le Céleri vert qu'il faut préférer, car les côtes, plus nombreuses et plus courtes, plus tendres aussi, laissant moins de déchets, donnent par conséquent un rendement plus avantageux.

Afin que la saveur particulière du légume ne soit nullement compromise, ne faites arracher les pieds de Céleris que le jour même de leur préparation en Conserves ; les côtes raides et brillantes, plus turgescentes, gardent ainsi tout leur goût. Si, au contraire, vous devez les acheter, soyez très sévère sur cette question de « fraîcheur », qui bien souvent intervient pour une large part dans les insuccès, et laissez pour d'autres moins éclairés les pieds qui vous semblent fanés, dont les pétioles sont mous et l'épiderme terne ; éliminez également les Céleris tachés et rouillés. Dans le cas où vous utiliseriez des Céleris expédiés de la campagne, que le voyage a flétri un peu, donnez-leur quelques soins avant de les employer. Plongez la base dans l'eau pendant trois heures environ, de façon qu'ils recouvrent ainsi leur turgescence.

II. — SUPPRIMEZ LA PARTIE FOLIACÉE ET LES RACINES.

Pour exécuter facilement les manipulations inhérentes à cette préparation, ne vous embarrassez pas du feuillage inutilisable. La partie comestible de la feuille est la côte ou pétiole, formant un long bâton cannelé finement, creusé en rigole à l'intérieur et engainant à sa base. Comme la partie feuillue verte et rugueuse, est généralement dure et jamais consommée, coupez plutôt au-dessous des ramifications, afin d'obtenir ainsi toute la partie tendre du pétiole.

Très souvent, pour cette ablation, vous êtes tentée d'opérer en l'air, sans appui ; outre que cette manœuvre est dangereuse pour le voisinage des doigts, elle est toujours plus lente, ordinairement moins régulière que la section nette, faite en prenant la table de cuisine comme support. Je vous conseille donc plutôt cette dernière, car dans la question Conserve, il faut invariablement s'attacher à prendre des manières simples et pratiques, diminuant à la fois les manutentions et le temps.

Ceci terminé, faites faire volte-face au pied, afin de débarrasser d'abord l'autre extrémité des racines chevelues qui la terminent ; ensuite, de supprimer la base du collet où se réunissent les feuilles pour les obtenir toutes séparées sans nouvelle coupe.

Opérez donc cette seconde ablation en deux fois ; sectionnez d'abord le pivot ramifié nettement au ras du collet, ce qui vous donnera une indication de la tendreté des pétioles ; jetez-le, puis mordez de quelques centimètres dans le pied, et enlevez une rondelle d'une épaisseur de 3 centimètres environ, que vous écaillerez ensuite pour avoir la chair savoureuse qui en forme le centre, et que vous ajouterez aux pétioles lorsqu'ils seront effilés.

Cette dernière coupe a mis en liberté tous les bâtons qui forment les côtés et constituent l'ensemble du pied ; vérifiez-les maintenant soigneusement et faites leur toilette complète.

Cependant, comme il est intéressant d'avoir quelques

flacons de cœurs entiers, je vous conseille de mener ensemble ces deux préparations, si vous le jugez bon.

III. — EFFILEZ LES PÉTIOLES DES CÉLERIS.

Avant d'être blanchi, chacun des pétioles doit être vérifié minutieusement et débarrassé des longs filaments dont la chair semble tissée, si vous ne voulez pas les voir apparaître après la cuisson, ce qui est fort désagréable, lors de la consommation.

Employez pour cette opération un couteau à lame très fine, de manière qu'il ne morde pas la chair, et ne détériore pas le pétiole. Commencez l'effilage du côté de la base du pétiole ; aussitôt que vous avez saisi des fils, tirez doucement en prenant soin de ne pas les casser. Allant ainsi dans le sens des filaments, ceux-ci s'enlèvent sans difficulté.

Proportionnez ensuite la hauteur des pétioles à celle des bocaux, afin d'éviter plus tard une nouvelle manutention ; mais, à votre volonté, vous pouvez raccourcir leur longueur de quelques centimètres si vous constatez qu'ils sont très coriaces.

IV. — LAVEZ LES PÉTIOLES A LA BROSSE.

Je ne saurais trop vous recommander une minutieuse propreté des pétioles, car le Céleri semble être un réceptacle à insectes et aux matières les plus variées. Trois à quatre lavages sont parfois nécessaires avant de l'employer, et vous pouvez être assurée que le nettoyage à la main est insuffisant pour enlever toutes les impuretés contenues dans les interstices. Servez-vous d'une brosse dès le deuxième lavage ; c'est le plus sûr moyen de ne rien laisser.

Donc, aussitôt que votre provision est complètement effilée, plongez-la dans un grand récipient plein d'eau et forcez-la par quelques pesées réitérées avec les mains, à s'enfoncer au-dessous, pour qu'elle se débarrasse de la terre, de la paille, des vers même qui habitent toujours dans le Céleri. Jetez alors cette première eau, en ayant soin de dresser préalablement les côtes sur un tamis ou autre ustensile, sans trop agiter le liquide. Lavez ensuite à fond la terrine où ils ont séjourné ; car toute la terre et les impuretés ont gagné le fond.

Remplissez de nouveau le récipient d'eau ; plongez-y les pétioles de Céleri et brossez alors chacun d'eux extérieurement et intérieurement, jusqu'à ce qu'il ne reste plus aucune trace suspecte; au besoin, changez d'eau au cours de cette manutention. Une troisième immersion doit être faite en attendant que l'eau du blanchiment soit arrivée au degré d'ébullition.

En effet, pendant que vous brossez les pétioles — cela pour abréger le temps de préparation — mettez sur un foyer actif un grand récipient plein d'eau. Dès qu'elle entre en ébullition, plongez les côtes dedans après les avoir réunies en paquets, ou laissez-les en vrac, cela n'a pas d'importance; ajoutez du sel un peu plus que pour la cuisson ordinaire, ce qui permet de le supprimer totalement dans le bouillon lors du remplissage des flacons. Eloignez ensuite la casserole ou l'ustensile du foyer même, ou bien, faites un petit feu; puis attendez environ cinq à sept minutes. Dressez alors les pétioles et glissez-les dans de l'eau froide courante pour les faire raffermir.

V. — LE CÉLERI CRAINT LE SEL.

Après dix minutes de rafraîchissage, les côtes de Céleri

peuvent être mises en bocaux ; égouttez-les donc et alignez vos flacons. Il est mieux d'employer ceux d'une contenance d'un litre, mais les plus petits d'un demi peuvent être utilisés aussi ; tout dépend de l'usage que vous voulez faire des côtes.

La disposition de celles-ci à l'intérieur n'a rien de difficile ni de minutieux ; glissez-les une à une en frappant le bocal de temps à autre pour les forcer à mieux se placer. Une bonne précaution est de commencer l'emplissage en tenant le flacon incliné, et même complètement couché sur la table ; de cette façon, les pétioles ne tombent pas les uns sur les autres.

Mouillez d'eau bouillie sans sel, celui-ci est l'ennemi juré du Céleri ; aussi rappelez-vous que dans n'importe quelle préparation du même légume, vous ne devez jamais l'ajouter.

VI. — PRÉPARATION DES CŒURS DE CÉLERIS ENTIERS.

Après avoir coupé la partie foliacée et sectionné les ramifications inférieures du Céleri, écaillez chaque pétiole afin de mettre à nu le cœur intact. Parez ensuite avec le couteau la base dentelée du fait de l'éclatement des côtes.

Cet ensemble de feuilles tendres et fines est un peu fragile et demande quelques précautions pour rester tel ; notamment le lavage et le blanchiment de ceux-ci doivent être faits avec méthode ; il ne faut rien endommager ; les cœurs doivent seulement « pocher » sur le devant du feu et non bouillir avec l'eau.

Donc, après leur lavage minutieux et répété autant que vous le jugez bon, plongez-les dans l'eau bouillante avec précaution et laissez-les sept minutes seulement, mais hors du feu. Levez ensuite avec l'écumoire et raffermissez-les à l'eau froide courante, comme s'il s'agissait de simples pétioles.

Quand le bocal est rempli de côtes ou de cœurs de Céleri, mouillez d'eau pure préalablement bouillie (même remarque que précédemment), *bouchez les flacons, stérilisez pendant une heure trois quarts pour les flacons d'un litre (bouchages hermétiques) et ne les laissez pas refroidir dans le bain. Pour les flacons à bouchage pneumatique, désoxygénez jusqu'à 90 degrés, pincez les tétons, ébullitionnez vingt-cinq minutes, laissez refroidir dans le bain.*

VII. — CÉLERIS AU BEURRE ET AU JUS.

Préparez le Céleri au beurre comme les Cœurs de Céleri, mais ajoutez le beurre dans la même proportion que pour les Carottes au beurre, Chapitre VI, § 6.

Préparez les Céleris au jus comme les Céleris en branches. Ajoutez le bouillon dans les mêmes proportions que pour les Carottes au jus, Chapitre VI, § 6.

Vous apprécierez plus encore ces différentes manières artificielles de prolonger la saison des Céleris, au début du printemps, alors que les légumes sont rares et que les primeurs sont uniquement le privilège des amateurs possédant des couches chaudes. Le prix d'un flacon d'un litre de Céleris en branches revient à environ 0 fr. 50 ; c'est peu, en comparaison du résultat, permettant à votre cordon bleu de vous préparer des légumes exquis. Céleris au jus, à la Flamande, au blanc, s'accommodent de toutes les viandes et sauces, car leur parfum à la cuisson ne diminue pas d'intensité.

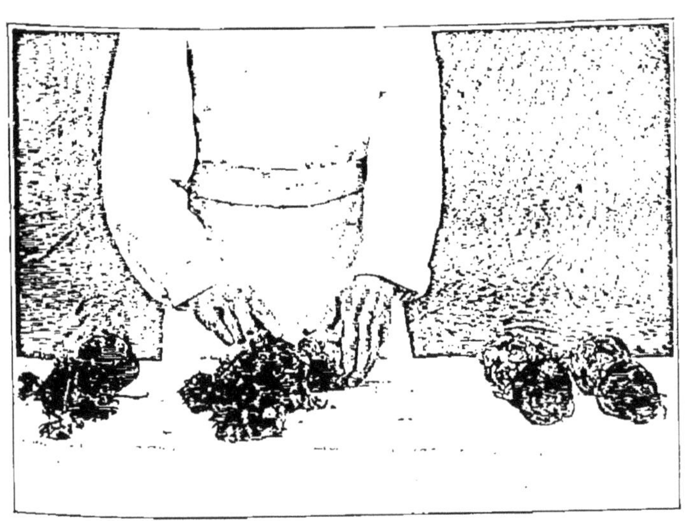

FIG. 23. — COUPEZ LES FEUILLES DES CÉLERIS-RAVES.

Supprimez les feuilles nettement au ras de la plaque rugueuse, appuyez pour cela la racine sur la table.

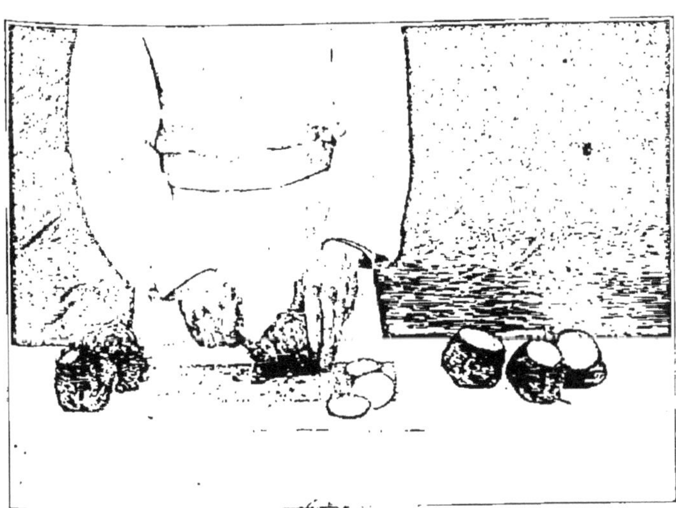

FIG. 24. — ENLEVEZ LE CAPUCHON RUGUEUX.

Sectionnez la calotte bombée, le plus souvent coriace, couronnant ce tubercule-racine ; donnez-lui d'autant plus d'épaisseur que le légume est moins tendre.

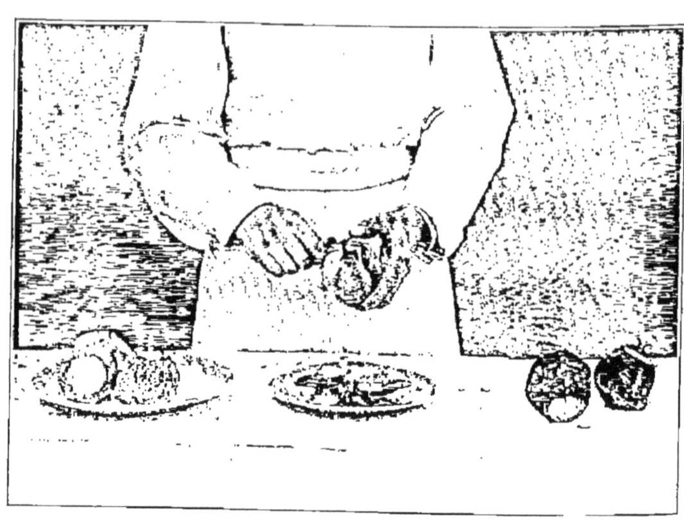

FIG. 25. — ÉPLUCHEZ LE CÉLERI-RAVE.
Enlevez des lames d'épiderme comme vous le faites pour la Pomme de terre. Le Céleri épluché doit être lisse et d'un blanc mat.

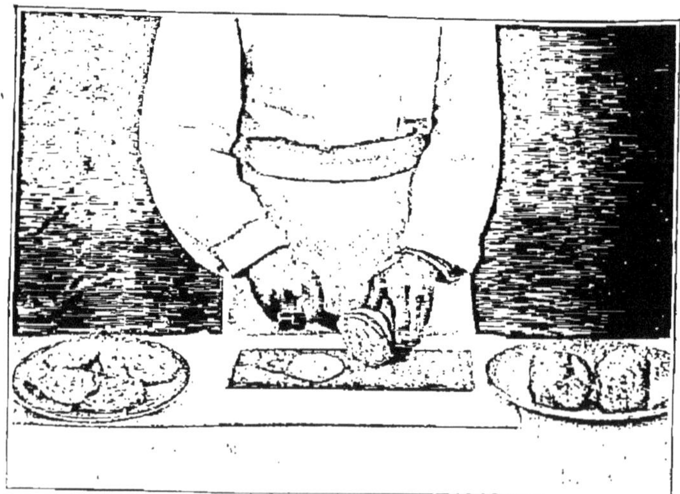

FIG. 26. — DIVISEZ LA CHAIR EN RONDELLES.
Fractionnez la chair en quatre parties ou en rondelles de 2 centimètres d'épaisseur environ ; appuyez-vous pour cela sur la planche à hacher afin que les sections soient vite faites et sans fatigue.

CHAPITRE VIII

LES CÉLERIS-RAVES

I. A quelle époque conserver les céleris. || II. Choisissez des racines saines et rondes. || III. Pelez soigneusement les tubercules. || IV. Mouillez les flacons d'eau bouillie.

Le Céleri-Rave, tubercule-racine très charnu ressemblant assez à un Navet énorme et trapu, peut se garder de deux manières différentes : 1° en entier pour emplois frais; 2° divisé et cuit dans des bocaux en verre pour plats chauds, il fournit ainsi les éléments de crèmes appétissantes et très hygiéniques.

Sa préparation est à la portée de tous, facile et expéditive, car le Céleri-Rave est sans exigences; d'un autre côté, la modicité de son prix le rend très intéressant pour quantité de budgets

On utilise surtout les Céleris-Raves frais pour les hors-d'œuvre, en salade, découpés en longs bâtonnets menus, assaisonnés de moutarde ou simplement d'huile et de vinaigre ; mais je trouve que c'est à tort que son emploi en cuisine n'est pas autant généralisé que celui des Céleris à côtes, car il est plus fin que ce dernier et rehausse agréablement les potages et les ragoûts.

Ces Céleris, en raison de leur grosseur et de leur forme surtout, ne sont pas conservés en entier dans les bocaux, mais fractionnés en plusieurs morceaux. Ces fractions seulement pressées au pilon dans une passoire ou un tamis fin, donnent, au moment de la consommation, une crème exquise et dix fois moins coûteuse que celle préparée avec les fonds d'Artichauts, et le parfum du légume se conserve absolument intact, même après une cuisson prolongée.

On ne saurait attribuer aux fonds d'Artichauts réduits en purée semblable qualité, puisque celle-ci ne peut être faite qu'avec des légumes frais; encore prend-elle facilement un goût de fer très prononcé et noircit-elle lorsqu'elle n'est pas consommée aussitôt cuite. C'est du reste pour cette raison que je vous ai uniquement recommandé la conservation des fonds entiers qui n'offre pas le même inconvénient.

SUCCESSION DES OPÉRATIONS. — Choisissez des tubercules sains, pelez-les soigneusement, lavez leur chair et fractionnez-la d'abord en deux, puis en quatre divisions, permettant un blanchiment plus court. Rafraîchissez à l'eau courante. Égouttez quelques minutes et mettez en bocaux avec de l'eau bouillie sans sel. Bouchez, stérilisez.

I. — A QUELLE ÉPOQUE CONSERVER LES CÉLERIS.

D'Octobre à Décembre, et même jusqu'en Février lorsque les tubercules sont intacts, vous pouvez faire une réserve de Céleris-Raves. Cependant, je vous conseille de ne pas attendre cette date extrême de Février, car les tubercules sont généralement moins parfumés qu'en Novembre et Décembre, et la plupart ont perdu de leur turgescence ; parfois même ils sont attaqués par la pourriture et, dans ces conditions, tout à fait impropres à la conservation.

Les variétés les plus recommandables pour préparer en Conserve sont le Céleri-Rave ordinaire à grosse racine, le Céleri-Rave géant de Prague et le Céleri-Rave d'Erfurt.

Chaque tubercule est enveloppé dans une peau rousse coriace fort épaisse, et couronné au sommet par un bouquet de feuilles vertes. Cette enveloppe recouvre la pulpe ou chair compacte d'un blanc mat, possédant à l'état frais un parfum un peu âcre que l'on sent surtout aussitôt que la peau est enlevée ; mais celui-ci se développe d'agréable façon, s'épanouit en quelque sorte à la cuisson, et devient absolument agréable.

II. — CHOISISSEZ DES RACINES SAINES ET RONDES.

Dès Novembre, au jardin potager, les pieds de Céleris-Raves sont protégés du froid par une bonne litière, ou mis en jauge ; mais le plus souvent le jardinier les rentre dans le cellier, dans la cave, ou dans un autre local. Vous aurez donc, dans ce cas, toute facilité et pourrez choisir les Céleris au fur et à mesure de l'arrachage.

Autant que possible, prenez des tubercules moyens, ronds, bien pesants, assez réguliers de forme ; soulevez-les dans la main pour vous rendre compte s'ils sont creux ou pleins.

Les Céleris-Raves présentant ces caractères sont généralement les plus fins et les plus parfumés. Évitez surtout, lorsque vous achetez ces légumes, ceux marqués d'yeux profonds à épiderme zébré de grandes crevasses qui déforment les tubercules, compliquant toujours l'épluchage et le sectionnement.

Délaissez complètement les Céleris atteints de pourriture, parce que, même en les nettoyant parfaitement, la chair n'est plus aussi parfumée, et son goût semble passé et dénaturé. C'est surtout à la fin de la saison que l'on rencontre ces tares ; aussi j'insiste à nouveau sur l'époque de conservation, n'attendez pas au dernier mois pour l'effectuer, votre provision a tout à y gagner. Pour une raison d'ordre différent, évincez les Céleris trop volumineux donnant des fractions énormes que l'on place toujours avec difficulté dans les bocaux, à moins de les réduire très menus, travail supplémentaire dont il vaut mieux se dispenser.

III. — PELEZ SOIGNEUSEMENT LES TUBERCULES.

Pendant l'épluchage, qui demande toujours quelque temps, mettez sur le foyer l'eau du blanchiment, afin de l'avoir bouillante à point lorsque cette manutention sera terminée. Supprimez d'abord la partie foliacée, quand elle existe, ensuite la partie supérieure du tubercule formant une plaque rugueuse légèrement bombée en calotte où s'attachaient les feuilles. Subordonnez son épaisseur à la qualité du légume ; cette qualité, vous la reconnaîtrez dès l'ablation du bouquet de feuilles vertes ; naturellement, plus le Céleri est dur, plus elle doit être épaisse. Enlevez ensuite, non pas en rond, mais longitudinalement, l'épiderme charnu de chaque tubercule en prenant le départ de la coupe faite à la partie supérieure. Donnez à ces lames une épaisseur régulière, en rapport avec la finesse du légume ; ainsi il est nécessaire de ne pas apercevoir la seconde pellicule jaunâtre incrustée sous la peau. Le tubercule pelé doit être uniformément lisse et blanc mat ; si vous le pelez soigneusement, il aura cet aspect. Coupez-le de deux façons différentes, soit en tranches de 2 cen-

FIG. 27. — BLANCHISSEZ LES TRANCHES.

Dès qu'elles sont réunies, plongez-les dans l'eau bouillante pendant sept minutes et glissez-les, ce temps écoulé, dans un récipient rempli d'eau où elles se raffermissent.

FIG. 28. — LAISSEZ ÉGOUTTER LES TRANCHES.

Avant la mise en flacons, laissez égoutter tranches ou fractions sur un tamis en crin, afin qu'elles se débarrassent de l'eau du rafraîchissage. Levez-les avec l'écumoire et disposez-les au mieux.

FIG. 29. — LE RANGEMENT DANS LES FLACONS.

Empilez les rondelles ou fractions d'une autre forme avec soin, pour en faire tenir le plus possible en vous aidant d'une fourchette pour les mieux placer.

FIG. 30. — AJOUTEZ DE L'EAU PURE.

Le bocal rempli, mouillez les Céleris d'eau chaude sans aucune addition de sel ni d'autre assaisonnement, bouchez et mettez à stériliser.

timètres d'épaisseur, soit en fractions. Si vous préférez la seconde manière, faites quatre fractions des tubercules et plongez-les dans un récipient d'eau froide. Lavez et égouttez successivement sur le tamis en crin. Sectionnez alors ces deux fractions en quatre ou six divisions suivant leur grosseur, et réunissez-les dans le même récipient, afin de les glisser tous en même temps dans l'eau bouillante, ce qui permet de diminuer le temps du blanchiment. Quand l'eau est en ébullition, salez-la légèrement et blanchissez les fractions pendant quinze minutes; donnez seulement sept minutes pour les tranches.

IV. — MOUILLEZ LES FLACONS D'EAU BOUILLIE.

Après le blanchiment des légumes, rafraîchissez-les à l'eau courante pendant dix minutes, renversez ceux-ci sur le tamis et, dès que l'eau est épuisée, mettez en flacons petits ou grands suivant l'emploi que vous désirez en faire. Pour la mise en bocal des fractions, aidez-vous d'une fourchette, les dents pouvant sans dommage marquer la chair qui doit être seulement pressée au moment de la consommation. Disposez chacune d'elles au mieux et laissez le moins de vide possible ; mouillez d'eau sans saumure, vous donnerez seulement l'assaisonnement au moment de le consommer; sous cette condition il gardera son parfum naturel. *Bouchez, désoxygénez à 90 degrés; ébullitionnez pendant vingt minutes et laissez refroidir dans le bain pour les flacons du bouchage pneumatique.*

Les flacons à fermetures hermétiques demandent une heure un quart pour les litres, trois quarts d'heure pour les demi-litres; ne les laissez pas refroidir dans le bain.

Quand vous le désirerez, ces fractions deviendront une

purée crémeuse, s'accommodant parfaitement des viandes blanches et de la chair fine des volailles. Dressée en socle, en arrière des Pigeonneaux rôtis, la crème de Céleri laisse très loin la préparation classique des « Pigeons aux Petits Pois ».

CHAPITRE IX

LES CHOUX DE BRUXELLES

I. COMMENT CHOISIR LES ROSETTES. || II. POUR ATTÉNUER L'ODEUR DU CHOU.

C'EST seulement à l'arrière-saison, à partir de Novembre jusqu'en Février-Mars, que les Choux de Bruxelles, petites boules ou pommes minuscules échelonnées sur une tige rugueuse et dénudée, surmontée d'une ample rosette de feuilles, peuvent être mis en Conserves. Ils acquièrent même, si l'on en croit leurs partisans, une saveur particulière lorsque la gelée et le froid sec les ont touchés; « ils sont mûris » et en possession de toutes leurs qualités. Vous avez donc, Madame, tout bénéfice d'attendre le froid pour les réserver, ou, si vous le préférez, d'essayer des préparations échelonnées.

SUCCESSION DES OPÉRATIONS. — Choisissez les pommes ou rosettes de grosseur moyenne, rafraîchissez la base de chacune et écaillez les premières feuilles jaunâtres ou violacées. Lavez, égouttez, blanchissez quinze minutes. Rafraîchissez à l'eau courante; mettez en flacons avec une saumure chaude à 3 degrés. Bouchez, stérilisez.

I. — COMMENT CHOISIR LES ROSETTES.

Cueillez les Choux de Bruxelles en éclatant chaque

petite pomme, bien formée, de la tige autour de laquelle elles sont groupées. Quand elles sont cueillies au jardin, la question de « fraîcheur » est vite tranchée ; les pommes ou rosettes sont vertes, dures et saines : elles sont parfaites ; il importe seulement de faire le tri par grosseur. C'est au contraire tout différent lorsque l'approvisionnement doit se faire chez les primeuristes ou sur les marchés ; là, vous rencontrez fort souvent des légumes passés. D'une manière générale, n'achetez jamais des Choux flasques et mous, ternes et pâles, enveloppés de feuilles franchement jaunes ; ils indiquent un état avancé et une cueillette vieille de plusieurs jours.

Que vos légumes proviennent du jardin ou du marché, prenez des pommes de grosseur moyenne et franchement vertes ; évincez les malades et celles piquées d'insectes.

Épluchez-les ensuite soigneusement ; éclatez d'abord les feuilles vert jaunâtre ou violacées qui entourent chacune des petites pommes, puis coupez l'étroite plate-forme de la base en lui donnant une faible épaisseur, afin que le Chou ne s'effeuille pas.

Au fur et à mesure de l'épluchage, jetez les Choux dans un récipient rempli d'eau, et lavez-les minutieusement plusieurs fois, si cela est nécessaire, pour les débarrasser de la terre qu'ils peuvent retenir dans leurs feuilles, surtout lorsque les Pommes sont placées au bas de la tige du Chou. Dressez-les ensuite et laissez égoutter sur un tamis ou une passoire.

II. — POUR ATTÉNUER L'ODEUR DU CHOU.

Le blanchiment à l'eau bouillante salée pendant quinze minutes n'a aucune action sur l'odeur pénétrante et très forte des Choux, ainsi que l'assurent quantité de personnes ; son but est uniquement d'enlever l'âcreté aux légumes.

Pourtant, il est possible d'atténuer et de réduire cette odeur désagréable qui pénètre partout; la précaution suivante vous en fournit le moyen. Confectionnez un petit sachet en toile dans lequel vous enfermez une boule de mie de pain blanc de la grosseur d'une Pomme de Reinette moyenne. Nouez-le solidement avec une ficelle serrée et fixée par une boucle, afin que le pain ne se répande pas parmi les Choux.

Déposez le sac et son contenu dans la bassine du blanchiment, juste au moment de l'ébullition, et laissez-le dans l'eau tout le temps que les Choux y séjournent. Le pain, qui s'imprègne de l'odeur la plus forte, est horrible à sentir, doit être jeté ; mais les Choux ont gagné une saveur douce.

Dressez votre provision et glissez-la dans l'*eau courante* pour la rafraîchir. Ce bain froid complète l'action efficace du blanchiment. Après dix minutes environ, assurez-vous de l'état des rosettes. Si elles sont complètement refroidies, dressez-les avec l'écumoire ou renversez-les en une fois sur le tamis pour abréger cette manutention. Laissez égoutter l'eau, mettez en bocaux comme s'il s'agissait des Petits Pois au naturel, Chap. XVII, § 10 : grandeur équivalente, mêmes soins au remplissage. Mouillez de saumure à 3 degrés, bouchez et donnez le même temps de cuisson.

CHAPITRE X

LES CHOUX-FLEURS

I. Prenez les pommes serrées et non fleuries. || II. Distinguez un légume frais d'un autre. || III. Enlevez la collerette de feuilles vertes. || IV. L'apprêt des inflorescences. || V. Un bain acidulé déloge les insectes. || VI. Mettez en bocaux d'un litre ou d'un demi-litre.

C'est principalement le privilège des grands potagers que de comprendre parmi les autres légumes quelques planches de Choux-Fleurs. Encore qu'ils soient peu cultivés pour plusieurs raisons : outre le terrain qu'elle immobilise longtemps, leur culture est assez délicate et demande des soins constants ; aussi est-elle plutôt du domaine de la grande production. Cela est si vrai que des centres marécageux s'en sont fait une spécialité, tels Saint-Omer, Amiens[1].

La majorité des Choux-Fleurs consommés sont donc achetés. A la campagne, où ils ne font qu'apparaître, on les reçoit bien souvent fanés. Pourtant, si vous ne possédez pas de potager assez vaste pour les cultiver, c'est le seul moyen de vous les procurer.

SUCCESSION DES OPÉRATIONS. — *Enlevez les feuilles*

1. *Vie à la Campagne*, les Hortillonnages de la vallée de la Somme, vol. I, n° 14, p. 419.

FIG. 31. — ABATTEZ D'ABORD LES FEUILLES VERTES.

Afin de faciliter l'ablation des côtes, coupez l'extrémité verte des feuilles pour bien dégager la pomme à l'aide d'un fort couteau.

FIG. 32. — ÉCLATEZ QUELQUES CÔTES ET COUPEZ DÉFINITIVEMENT LA BASE.

Pour ne pas entamer les petits bouquets, placez le couteau directement à la base des fleurons, et séparez la pomme de la coupe verte qui l'emprisonne.

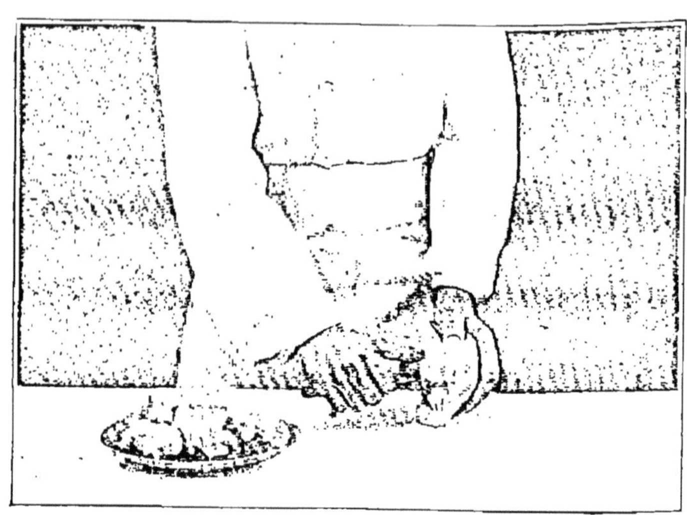

FIG. 33. — SÉPAREZ CHAQUE FLEURON DU BOUQUET.

Si le légume est très frais, éclatez successivement chaque ramification formant une petite inflorescence; s'il est passé, coupez-la; mais, dans les deux cas, conservez-lui la tige comestible.

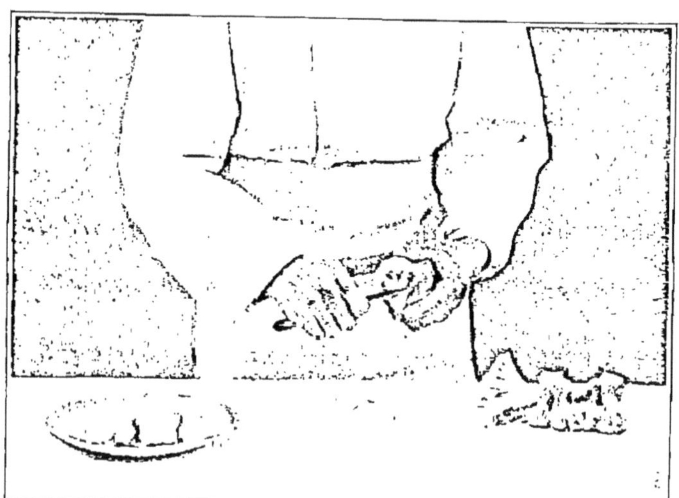

FIG. 34. — ÉPLUCHEZ CHACUN DES FLEURONS OBTENUS.

Munissez-vous d'un couteau à lame très mince. Soulevez la pellicule luisante et maintenez-la sur la lame du couteau, en tirant doucement jusqu'au-dessous des bractées.

vertes, éclatez chacune des inflorescences du Chou, épluchez-les, nettoyez dans un bain acidulé, lavez à nouveau, blanchissez, rafraîchissez, mettez en flacons, mouillez de saumure à 3 degrés, bouchez, stérilisez.

I. — PRENEZ LES POMMES SERRÉES ET NON FLEURIES.

Il est d'autant plus intéressant, à la campagne, d'avoir parmi les autres provisions d'hiver plusieurs bocaux de Choux-Fleurs, que le goût et la saveur de ce légume ne changent pas. C'est une préparation simple, facile et peu coûteuse que celle-ci; elle n'est que la répétition des manipulations exigées pour les Haricots verts, Chap. XIII, les Asperges, Chap. III, etc.

La partie comestible du Chou est comme constituée par une agglomération d'inflorescences blanches toutes enveloppées dans des bractées vertes. Elles sont portées par des pétioles charnus dont la chair est également exquise et qu'il convient de conserver. Celles-ci, le plus souvent, ont été coupées, et le légume apparaît seulement cerné dans une couronne de côtes et de feuilles vertes.

II. — DISTINGUEZ UN LÉGUME FRAIS D'UN AUTRE.

Vous reconnaîtrez la fraîcheur du Chou-Fleur aux particularités suivantes : les côtes doivent être dures; les fleurons aussi, les teintes vertes et blanches luisantes ou lustrées avec une apparence de vigueur. Lorsque les feuilles sont plissées, ternes et flasques, les fleurons grisâtres et comme fanés, il est tout à fait indiqué de ne pas prendre ces légumes.

Quelques conseils relativement à l'aspect que doit avoir le grain de la pomme ne me semblent pas superflus, si vous tenez autant à la belle apparence qu'à la finesse des produits que vous conservez. Pas plus que les autres denrées, les Choux-Fleurs n'échappent à la loi commune de la qualité ; il faut, en effet, voir et remarquer que la chair des uns est fine, tandis que celle de nombreux autres est grosse, grenue et semble hérissée de petits cils. Tantôt la coloration est jaune verdâtre, un peu rouillée même, signe de maturité trop grande et de fraîcheur douteuse ; ou bien le Chou-Fleur est monté, de petits cils ténus semblent surmonter les fleurons mousseux, au grain insuffisamment développé.

Choisissez donc parmi les spécimens de forme ronde, bien pesants, aux fleurons à grains serrés et durs, donnant des boules nettes bien caractérisées. Jugez d'un seul coup d'œil la valeur de la chair d'après sa netteté et son grain fin, et surtout préférez les blancs immaculés, neigeux, à ceux d'aspect par trop cireux.

III. — ENLEVEZ LA COLLERETTE DE FEUILLES VERTES.

Commencez par supprimer la collerette de côtes et de feuilles vertes qui entoure la pomme. Employez pour cela un large couteau de cuisine bien résistant et tranchant. Placez le Chou-Fleur sur la table, couchez-le horizontalement afin d'avoir plus de prise et de surface pour la suppression du feuillage ; mieux vaut, en effet, lorsque le Chou-Fleur possède sa garniture de feuilles, opérer deux coupes.

Abattez d'abord les feuilles vertes, réunissez-les sous la main gauche, emprisonnant en même temps la base du légume ; celui-ci, immobilisé, est alors plus facile à couper. Cassez ensuite quelques côtes vertes vous permettant d'introduire le couteau directement à la base des fleurons, et abattez le cœur du légume. Cette dernière coupe,

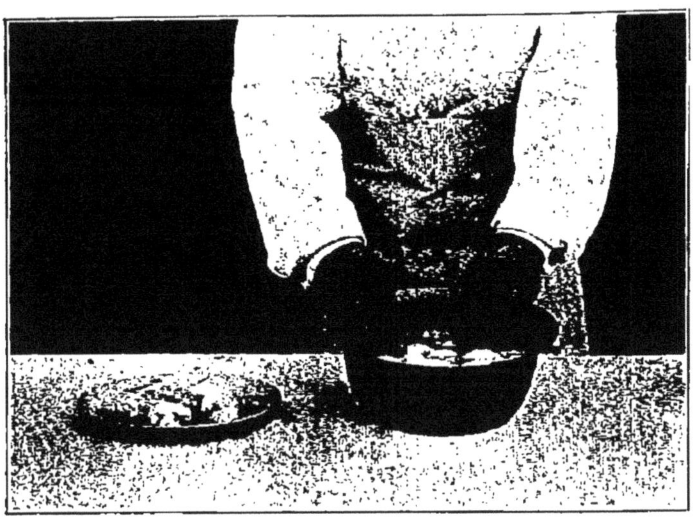

FIG. 35. — LAVEZ MINUTIEUSEMENT LES CHOUX.

Effectuez le premier lavage dans de l'eau acidulée; forcez les fleurons à rester sous l'eau, de manière que les petits insectes quittent leur retraite. Lavez une seconde fois, mais à l'eau pure.

FIG. 36. — METTEZ LES FLEURONS EN BOCAL UN A UN.

Dressez, sur l'écumoire ou un tamis, les inflorescences avant de les introduire dans le bocal. Aidez-vous d'une spatule en bois pour les mieux placer.

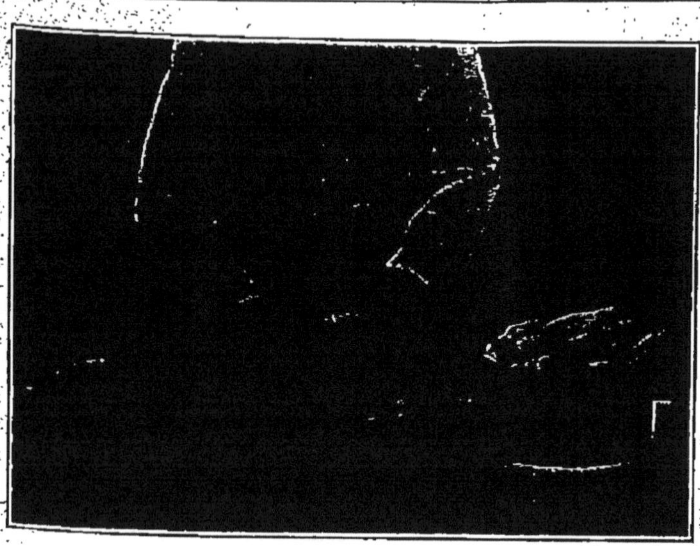

FIG. 37. — RAFRAICHISSEZ LA BASE DU CŒUR.

Choisissez des Endives saines, de grosseur moyenne, enlevez à chacune une lame de chair peu épaisse, afin de ne pas détacher les feuilles de la base. Éclatez, en même temps, les feuilles ternies du tour.

FIG. 38. — LAVEZ LES ENDIVES A L'EAU COURANTE.

Le lavage à la brosse a peu d'action sur ce légume, la terre et les autres matières restent emprisonnées sous les feuilles; lavez-les au contraire sous le jet vif d'un robinet.

isolant le bouquet d'inflorescences, séparez-les aussitôt et faites autant de fractions qu'il comporte de ramifications.

Pour cela, tirez-les simplement l'une après l'autre, « éclatez-les » ; elles se cassent sans difficulté quand le légume est très frais. Au contraire, si vous sentez un déchirement au moment de la séparation, prenez un couteau et sectionnez chaque inflorescence le plus près possible de la base en lui laissant l'extrémité moelleuse du pied.

Lorsqu'il ne reste plus au cœur qu'une réunion de fines inflorescences équivalant à la grosseur normale d'un fleuron, le mieux est de les laisser assemblées, car, séparées, leur taille est si menue qu'au blanchiment elles se trouveraient écrasées.

IV. — L'APPRÊT DES INFLORESCENCES.

Aussitôt que le Chou-Fleur est complètement disséqué, nettoyez les fleurons, c'est-à-dire enlevez la pellicule luisante qui enveloppe la tige de chacun d'eux et va même jusqu'au pied de la chair. Il est des personnes qui négligent ce nettoyage ou s'en dispensent même ; je vous le recommande malgré toutes les bonnes raisons que l'on peut émettre ; et la meilleure est celle-ci : le Chou-Fleur non épluché est moins savoureux.

Pour ce nettoyage, prenez un couteau de cuisine à lame fine et longue entamant à peine la chair, et par conséquent ne détériorant rien. Saisissez l'inflorescence en tournant vers vous la partie bombée ; puis, directement, près de la coupe inférieure, soulevez une légère pellicule que vous maintenez avec le doigt sur la lame du couteau. Agissez doucement, tirez-la sans brusquerie afin de l'obtenir entière. Cette première lanière obtenue, levez-en une seconde d'après les mêmes indications et autant qu'il est nécesaire pour mettre à nu la chair du pédoncule.

Visitez le chapeau où se glissent parfois de petits animalcules, grattez légèrement avec le couteau quand vous distinguez des taches suspectes rousses ou noires, ou encore quelques piqûres d'insectes.

V. — UN BAIN ACIDULÉ DÉLOGE LES INSECTES.

Au fur et à mesure de l'épluchage, plongez les bractées de Chou-Fleur dans un récipient rempli d'eau légèrement acidulée, obtenue en ajoutant quelques cuillerées de vinaigre ordinaire (Voir Chap. VI, § 6).

Cet ajouté n'a d'autre but que de forcer les animalcules invisibles, tapis aux croisements des branches, à quitter leur retraite — les mouches, moucherons, chenilles sont généralement friands de cette chair tendre.

Lorsque toutes les inflorescences sont épluchées et baignées, forcez-les à rester sous l'eau quelques instants. Enfoncez-les avec les mains formant presse, car sans cette précaution les fleurons surnagent toujours. Levez la provision ; faites-la égoutter sur un tamis en attendant le deuxième lavage à l'eau claire, sans aucune addition de vinaigre, cette fois.

Procédez au blanchiment en plongeant les inflorescences dans l'eau bouillante légèrement salée pendant cinq minutes environ. Ce blanchiment amollissant un peu les légumes, rafraîchissez-les en les glissant dans un grand récipient d'eau froide courante si possible. Dans le cas contraire, renouvelez l'eau de ce bain environ trois fois pendant dix minutes. Dressez les légumes sur un tamis et, seulement lorsqu'ils sont parfaitement égouttés, commencez le remplissage des flacons.

Aidez-vous pour cela d'une cuiller en bois ou d'une spatule pour mieux vous permettre de placer les fleurons qui, par leur forme bombée, compliquent le travail.

VI. — METTEZ EN BOCAUX D'UN LITRE OU D'UN DEMI-LITRE.

A moins que vous ne destiniez votre provision à la confection des Macédoines, employez des bocaux d'un litre, sinon un demi-litre suffit (bouchages hermétiques ou pneumatique).

Introduisez-les un à un la tête en bas et, dans les vides que forment le pédoncule de chacun, intercalez deux secondes mises plus petites, de manière à rattraper la ligne horizontale qui vous donne la faculté de faire d'autres placements du même genre.

Aidez-vous de la spatule, et dirigez-la suivant les besoins en retenant les plus gros qui ont toujours tendance à basculer, et à prendre la place des suivants.

Quand le bocal est plein, mouillez d'eau légèrement salée ou d'une saumure à 3 degrés, et bouchez soigneusement avant de les mettre à stériliser. *Comptez une heure et demie pour les bocaux d'un litre, une heure un quart pour les demi-litres des bouchages hermétiques et ne les laissez pas refroidir dans le bain. Quant aux flacons du bouchage pneumatique, désoxygénez jusqu'à 90 degrés, pincez les tétons, ébullitionnez vingt minutes; laissez refroidir dans le bain.* Vous obtiendrez alors une provision agréable et d'un prix de revient peu élevé; un bocal d'un demi-litre, tous frais comptés, coûte environ 0 fr. 60, même lorsque vous achetez les Choux-Fleurs.

CHAPITRE XI

LES ENDIVES

I. Préférez les cœurs moyens aux gros. || II. Nettoyez-les avec soin. || III. L'eau froide rend les Endives amères. || IV. Le lavage a l'eau courante est le seul parfait. || V. L'eau du blanchiment doit être bouillante. || VI. Comment placer les Endives en bocaux.

La théorie des Conserves de légumes possède aussi, tout comme celle des Confitures, ses préparations « spéciales ». L'Endive est de celles-là. Produit mixte, tantôt légume, tantôt salade au gré des consommateurs, nous le connaissons encore sous le nom de Chicorée améliorée de Bruxelles et de Wittloff, son pays d'origine.

Dans la majorité des jardins potagers, cette culture est faite régulièrement ; il vous est donc loisible, Madame, d'essayer cette préparation d'Endives au naturel. Elle ne vous privera que passagèrement d'une provision, et constitue après la saison de production de l'Endive le plus délicieux accompagnement aux rôtis : mouton braisé et pièces de bœuf. Seules, accommodées au jus, gratinées à l'italienne, ou couvertes d'une béchamel, elles restent exquises.

Janvier et Février sont les mois les plus favorables pour mettre en Conserve le supplément des cueillettes, d'autant que la préparation de ces Endives n'est pas com-

FIG. 39. — METTEZ LES PIEDS EN FLACON.

Après le blanchissage, introduisez les Endives une à une dans le flacon bas que vous penchez pour cela. Lors de l'introduction de la dernière, relevez le bocal, afin qu'elles prennent toutes la position verticale.

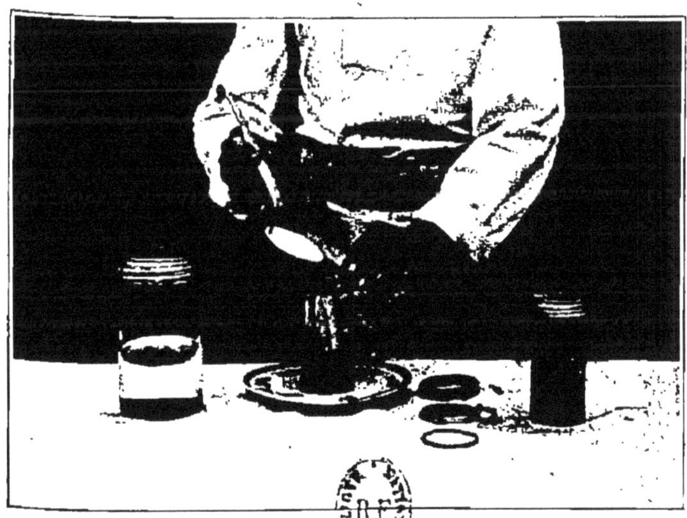

FIG. 40. — REMPLISSEZ LES FLACONS DE SAUMURE CHAUDE.

Après la dissolution complète du sel dans l'eau bouillante, agitez la saumure. N'attendez pas qu'elle refroidisse, mais versez-la aussitôt sur les Endives. Comptez une demi-louche pour chaque bocal.

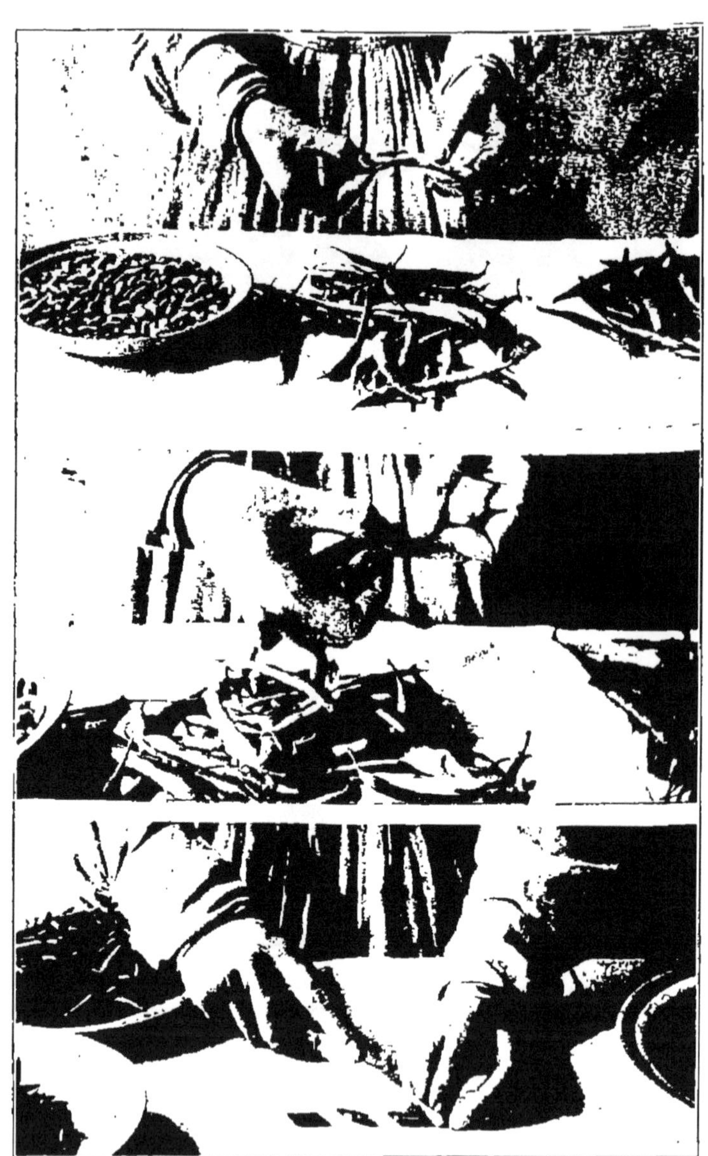

FIG. 41, 42, 43. — ÉPLUCHEZ LES FLAGEOLETS ET COUPEZ LES HARICOTS VERTS EN BISEAU.

Aussitôt les grains écossés, blanchissez et raffermissez les Haricots en gousses, égouttez-les ; puis fractionnez-les plusieurs ensemble.

pliquée. Sans doute, elle diffère de quelques autres par le détail des manutentions, notamment quant à l'épluchage, au lavage, au rafraîchissage, puisque l'eau froide est systématiquement supprimée en raison de l'amertume qu'elle donne aux légumes. Les cœurs se conservent en entier, et la cuisson n'altère pas leur forme.

SUCCESSION DES OPÉRATIONS. — Rafraîchissez la base de chacun des cœurs ; exposez-les un à un au jet vif d'une fontaine. Aussitôt lavés à fond, dressez-les et blanchissez à l'eau bouillante. Raffermissez-les rapidement dans l'eau froide courante et mettez en flacons avec la saumure à 3 degrés. Bouchez et stérilisez.

I. — PRÉFÉREZ LES CŒURS MOYENS AUX GROS.

Chaque Endive est constituée par une agglomération de feuilles réunies et appliquées très intimement les unes contre les autres en forme de fuseau. Ce cœur, tantôt volumineux, long et épais, forme d'abord un léger renflement à la base, puis un plus gros au milieu de sa longueur ; tantôt grêle et creux, sous la pression des doigts, le cœur semble ne pas avoir « tourné » suffisamment. D'autres Endives sont de taille moyenne, trapues, rondes, bien prises, remplies et bourrées sans exagération. Préférez ces dernières, car mieux vaut un pied développé sans excès qu'un autre plus gros.

Ce détail, uniquement visuel, les yeux doivent le remarquer sans que les mains aient à agir. Notez aussi que les Endives de moyenne grosseur ont l'avantage précieux de n'être jamais craquelées et éclatées ; tandis que dans les grosses, le plus souvent, la surface ne laisse rien apercevoir et le centre extrême commence à se gâter.

Cet avis est surtout à retenir quand on doit acheter les légumes; choisissez-les rigides et fermes, leur chair doit être lisse et satinée, criant sous les doigts au toucher, comme un taffetas de qualité inférieure.

II. — NETTOYEZ-LES AVEC SOIN.

La toilette de chaque turion doit être minutieusement faite, car il est impossible de les entamer, encore moins de les effeuiller, puisqu'ils doivent au contraire rester entiers. Cet ensemble de feuilles étant soudé à la base par un collet court, sorte de bourrelet précédant la racine — il suffit de le rafraîchir simplement, c'est-à-dire de lui enlever une pellicule circulaire d'une faible épaisseur. Employez pour cela un couteau à lame mince et ne coupez pas trop près des feuilles, sans quoi l'Endive s'effeuillerait. Si l'entourage extérieur comprend une rangée de feuilles jaunies, rouillées, légèrement froissées ou cassées, car ces feuilles étiolées sont à la fois rigides et tendres, enlevez-les sans crainte de diminuer la grosseur du cœur.

Cette suppression n'altère en rien sa forme; il suffit seulement de les éclater en les tirant les unes après les autres. Saisissez chacune d'elles par le milieu et forcez-la ainsi à se détacher des autres. Tirez toujours vers vous jusqu'à ce que la feuille se présente horizontalement; arrivée à ce point, elle se casse nettement, laissant parfois une pointe de chair ; dans ce cas, parez la base et enlevez les parcelles inutiles. Supprimez ensuite l'extrémité des feuilles souvent écornée, en opérant ainsi : dirigez en bas la pointe de l'Endive et, avec le couteau d'office, abattez les extrémités endommagées, afin de n'entamer que les feuilles supérieures.

Agissez légèrement comme si vous tailliez une baguette flexible, et faites tourner l'Endive sur elle-même.

III. — L'EAU FROIDE REND LES ENDIVES AMÈRES.

Nous supposons maintenant celles-ci indemnes de toute tare ; le lavage qui doit suivre est forcément sommaire, puisque le légume reste entier et que, d'autre part, on ne peut atteindre le centre. Souvenez-vous que l'Endive ne se trouve pas bien du contact, même peu prolongé, avec l'eau froide ; celle-ci lui communique une amertume très prononcée qui lui nuit beaucoup ; aussi je vous recommande de nettoyer complètement votre provision avant de la laver et de la laisser dans l'eau le moins de temps possible. Au cours du nettoyage des légumes ou avant de l'effectuer — tout dépend de la provision que vous réservez — mettez de l'eau à bouillir dans un grand récipient ; elle vous servira à deux usages différents : 1° au blanchiment des légumes, 2° pour faire le plein des flacons.

IV. — LE LAVAGE A L'EAU COURANTE EST LE SEUL PARFAIT.

Pour laver profondément et bien, voici comment il faut opérer : mettez les Endives dans un grand récipient vide d'eau, que vous placez sous un robinet.

Saisissez alors un légume, ouvrez celui-ci et présentez pendant une minute environ au jet vif, sans être trop fourni cependant, la pointe du légume. La force de l'eau entr'ouvre les feuilles, et elle s'épand à l'intérieur, entraînant les impuretés.

Si, en ouvrant quelques feuilles pour vous rendre compte de leur netteté, vous apercevez des traces suspectes qui ne se détachent pas, donnez un jet plus vif qui les chasse au dehors ; secouez alors l'Endive et mettez sur le tamis à égoutter. Répétez cette manutention autant de fois que vous avez de cœurs, et, ceci terminé, procédez immédiatement au blanchiment.

V. — L'EAU DU BLANCHIMENT DOIT ÊTRE BOUILLANTE.

Avant de plonger les Endives, vérifiez bien et même assurez-vous que l'eau est bouillante, c'est un point essentiel.

Si le récipient est petit, ne mettez qu'une moyenne provision de cœurs pour qu'ils baignent complètement et n'abaissent pas trop le degré de l'eau. Celles-ci introduites, remettez le récipient sur le foyer, dont vous accélérez le feu le plus possible et, afin que l'eau regagne rapidement le degré d'ébullition, couvrez le récipient.

Quand elle l'a de nouveau reconquis, salez comme pour une cuisson ordinaire, et comptez dix minutes d'ébullition *soutenue*.

Levez alors les Endives avec l'écumoire et pêchez-les adroitement, en glissant l'ustensile au-dessous d'elles, afin de ne pas les endommager avec les bords tranchants ; rafraîchissez les turions le plus rapidement possible et déposez-les ensuite sur un tamis en crin, la base en l'air, de manière que l'eau puisse s'égoutter plus facilement.

Si vous prévoyez faire plusieurs mises pour le blanchiment, munissez-vous d'eau en conséquence. Il est préférable, en effet, de changer le liquide chaque fois, que de blanchir trois provisions dans le même bain, cela en raison de l'amertume des légumes. L'eau du blanchiment est d'un noir verdâtre aussitôt le premier verdissage et d'une âcreté insupportable.

VI. — COMMENT PLACER LES ENDIVES EN BOCAUX.

Quand vous remarquez que les Endives ont à peu près rendu l'eau du rafraîchissage, commencez à les mettre en flacons. Employez pour cela, de préférence à tous les autres, des flacons bas, plus convenables pour des légumes si trapus, ceux d'un demi-litre suffisent. Introduisez les cœurs un à un, tels qu'ils se présentent, après avoir étendu le bocal sur la table. Cette disposition facilite beaucoup leur placement.

Pour disposer les dernières, aidez-vous d'une cuiller en bois et massez-les sans trop les presser. Le flacon rempli, puisez dans la provision d'eau bouillante réservée spécialement et mouillez avec de la saumure très chaude titrant 3 degrés, comptez environ une demi-louche par bocal d'un demi-litre. *Bouchez, donnez une heure un quart de cuisson pour les récipients d'un demi-litre, une heure trois quarts pour les litres à fermetures hermétiques ; ne les laissez pas refroidir dans le bain. Quant aux flacons à bouchage pneumatique, désoxygénez jusqu'à 90 degrés ; pincez les tétons et faites bouillir vingt minutes ; laissez refroidir dans le bain.*

Préparées au naturel au moment de leur grande production, les Endives sont exquises, et leurs multiples applications en cuisine justifient les provisions qu'on en peut faire, un bocal d'un demi-litre revient environ à 0 fr. 40.

CHAPITRE XII

LES HARICOTS FLAGEOLETS ET PANACHÉS

I. Pour obtenir les Haricots panachés. || II. Flageolets verts et Soissons peuvent être préparés seuls. || III. Blanchiment et rafraîchissage successifs. || IV. Préparation des Haricots panachés. || V. Choisissez les Haricots flageolets a point. || VI. Pratiquez rapidement l'écossage. || VII. Blanchiment, raffermissage et mise en flacons. || VIII. Fractionnez les Haricots verts de 4 en 4 centimètres. || IX. Mouillez de saumure titrant 3 degrés.

Les Haricots, ce légume familial de résistance dont la culture est si largement pratiquée, comportent plusieurs races et variétés connues et appréciées à des titres différents pour leur qualités. Ce sont les Haricots Flageolets à grains verts ou blancs, les Haricots à gros grains ou de Soissons qui forment avec les Haricots verts en gousses ou filets et les Petits Pois, la base des Conserves classiques.

La préparation des Haricots en grains est moins largement pratiquée en raison de la grande facilité que ceux-ci présentent d'être conservés en sec.

Mais ces Haricots à garder en sec doivent être cueillis à maturité complète, alors que les enveloppes des cosses ont déjà pris leur teinte jaune et commencent à se dessécher. Ces Haricots sont plus farineux et n'ont pas à la cuisson le goût, le moelleux et la saveur de ceux cueillis pour que leurs grains restent gonflés et brillants, consommés frais pendant l'été. Et c'est précisément cette qualité appréciée des gourmets que gardent les grains cueillis, écossés dans ces conditions, préparés et cuits en bocaux d'un litre et d'un demi-litre.

SUCCESSION DES OPÉRATIONS : HARICOTS FLAGEOLETS. — *Écossez, nettoyez, blanchissez, remplissez-en des flacons, mouillez d'une saumure à 3 degrés. Bouchez, stérilisez.*

HARICOTS SOISSONS. — *Préparation identique à la précédente, prolongez seulement le blanchiment de cinq minutes.*

HARICOTS PANACHÉS. — *Préparez comme ci-dessus les Flageolets verts, effilez les gousses vertes, blanchissez huit minutes, rafraîchissez-les ensuite et taillez en fractions de 4 en 4 centimètres. Mettez en flacons par parties égales, mouillez d'une saumure à 3 degrés. Bouchez et stérilisez.*

I. — POUR OBTENIR LES HARICOTS PANACHÉS.

Haricots en filets et Haricots en grains vous permettent de confectionner à contre-saison, comme en pleine saison potagère, trois sortes de plats, ce qui est toujours apprécié dans la composition des menus : les Haricots verts en gousses ou en filets; les Haricots en grains et les Haricots panachés, ces derniers étant simplement constitués par le mélange, par parties égales ou en proportions différentes, des deux premiers.

Ce mélange peut être fait lors de la préparation des plats en utilisant dans ce but Haricots verts en gousses, Haricots en grains, conservés à part, ou à votre volonté lors de la confection des Conserves. Je préfère cette dernière méthode, car elle donne un ensemble plus homogène, surtout si vous n'êtes pas nombreux à table ; dans ces conditions, un bocal d'un litre de Haricots panachés fournit un plat suffisant pour quatre à six personnes, alors que pour confectionner ce plat de Haricots panachés avec les deux sortes en bocaux séparés, il vous faudrait prévoir des flacons d'un demi-litre, ce qui est plutôt inutile pour une denrée d'une consommation aussi large. Je vous dis Chap. XIII, comment il faut choisir les Haricots en filets et les préparer pour les conserver seuls. Leur choix et leur épluchage est le même lorsqu'ils entrent dans la préparation des Haricots panachés, avec cette différence qu'au lieu de garder les gousses en entier ou à peu près, celles-ci sont fractionnées par lames de 3 à 4 centimètres de longueur.

II. — FLAGEOLETS VERTS ET SOISSONS PEUVENT ÊTRE PRÉPARÉS SEULS.

Vous pouvez conserver en grains et séparément les Haricots Flageolets verts ou blancs et, bien qu'on le fait moins largement et à tort, les Haricots de Soissons; mais, pour confectionner les panachés, n'associez que les Flageolets avec les filets, de préférence les Flageolets à grains verts.

Toutes les variétés de Flageolets sont également bonnes pour être conservées en grains ; utilisez-les donc indifféremment, et selon vos préférences personnelles, à moins que votre jardinier destine un carré spécial aux Haricots à mettre en Conserve.

C'est précisément en Août-Septembre que la récolte est la plus abondante ; n'attendez donc pas pour ajouter aux provisions commencées ce savoureux légume, qui en augmente la variété. La préparation des Haricots en

FIG. 44. — ACHEVEZ L'EMPLISSAGE DU BOCAL.

Comblez le vide réservé dans le bocal avec les fractions de Haricots en branches placées directement sur les autres, tassez avec l'extrémité des doigts pour ne pas les écraser.

FIG. 45. — MOUILLEZ D'UNE SAUMURE TITRANT TROIS DEGRÉS.

Faites fondre préalablement du sel marin dans de l'eau, ébullitionnez et versez la saumure chaude sur les Haricots.

FIG. 46. — COMMENT EFFILER LES HARICOTS

Pincez les extrémités de chaque cossette avec les ongles du pouce et de l'index réunis, et amenez doucement vers vous le filament qui se détache jusqu'à l'autre extrémité.

FIG. 47. — PRÉPAREZ AINSI LE REMPLISSAGE DU FLACON.

Placez des cossettes toutes dans le même sens et égalisez-en les extrémités de façon à en former de petites poignées, que vous glissez dans le bocal au fur et à mesure de leur réunion.

grains et des Haricots panachés est aussi simple que celle des Haricots verts en filets : un blanchiment de dix minutes environ dans l'eau bouillante pour les Flageolets verts, de quinze pour les Haricots de Soissons enlève aux légumes l'âcreté qu'ils ont, précède un rafraîchissage à l'eau courante destiné à leur rendre leur fermeté. La mise en flacons, puis la cuisson, succèdent à ces diverses manipulations sans plus de secrets ni de difficultés, ainsi que vous allez le voir.

C'est du reste le même exercice, simplifié toutefois — puisque la cosse est moins longue — que nous avons déjà exécuté pour les Petits Pois ; c'est aussi le plus rapide, malgré les deux temps bien définis dont il faut user pour obtenir les grains.

Au cours de l'écossage, triez les grains en deux grosseurs : les moyens et les gros, en les plaçant de suite dans des récipients distincts, et éliminez de votre choix ceux qui seraient gâtés, défectueux, piqués, susceptibles de développer des ferments mauvais dans la Conserve.

Quelques minutes avant d'avoir terminé l'écossage, mettez sur le feu un récipient rempli d'eau et couvert ; puis faites bouillir.

III. — BLANCHIMENT ET RAFRAICHISSAGE SUCCESSIFS.

Lavez maintenant tous les grains extraits des cosses en les plongeant dans un récipient rempli d'eau froide. Quand l'eau bout, relevez-les de leur bain et plongez ces Haricots par petites quantités définies, un litre à un litre et demi, dans cette eau, puis laissez-les bouillir dix minutes. Ce blanchiment a pour but d'enlever l'âcreté et les quelques impuretés qu'ils peuvent avoir ; c'est ainsi qu'une écume blanchâtre monte à la surface du liquide, lorsqu'il bout tumultueusement avec la provision de Haricots.

Ce temps écoulé, levez les légumes et plongez-les dans l'eau froide courante ; ils se raffermissent peu à peu, reprenant leur turgescence perdue lors de l'ébullition.

Laissez-les dans ce bain froid pendant un quart d'heure à vingt minutes, dressez-les ensuite sur une passoire à pieds, laissez-les égoutter d'eux-mêmes.

Cela fait, commencez le remplissage des bocaux. Introduisez les grains déjà gonflés par petites poignées, tassez-les uniformément au fur et à mesure de ces mises pour qu'il y ait le moins de vide possible. Il vous faudra 500 grammes de grains pour un bocal d'un litre.

Voilà pour les Haricots conservés en grains à pleins bocaux.

IV. — PRÉPARATION DES HARICOTS PANACHÉS.

Écossez, nettoyez, blanchissez et rafraîchissez les grains comme je vous le conseille ci-dessus ; mais n'emplissez le bocal que jusqu'aux trois cinquièmes de sa hauteur, car le vide doit être comblé par les filets de verts.

Voici d'ailleurs les proportions pour un bocal d'un litre : de 260 à 280 grammes de Haricots Flageolets à grains verts écossés et de 240 grammes de Haricots en gousses fractionnées en lamelles de 4 centimètres.

En même temps que vous préparez les Haricots en grains, épluchez aussi les Haricots verts en gousses, afin de ne pas trop attendre pour achever le remplissage des bocaux ; pour cela tordez le pédoncule ainsi que je vous l'indique, chap. XIII, § V, mais opérez doucement afin d'enlever jusqu'au bout sans le casser le fil désagréable qui tient de chaque côté.

LES HARICOTS FLAGEOLETS ET PANACHÉS

V. — CHOISISSEZ LES HARICOTS FLAGEOLETS A POINT.

Cueillez seulement les Flageolets alors que la cosse encore bien verte est bourrée de grains moyens et fermes ; petits, ils ont peu de saveur, et au contraire des Pois ils sont moins appréciés. En même temps, et dans un autre panier afin de ne pas les mélanger, cueillez les Haricots verts en gousses, petits et fins, pour que votre Conserve ait de l'apparence.

Si vous devez au contraire acheter les Haricots en grains et en filets, vous avez le choix, pour les premiers, entre les Haricots en cosses et les Haricots écossés ; car on les vend souvent ainsi, et c'est un travail appréciable en moins. Dans cet état, il vous est facile de reconnaître leur fraîcheur ou non. Ils doivent être bien verts, gonflés et sans piqûres ; le germe des grains ne doit nullement s'apercevoir. Défiez-vous aussi de ceux dont la teinte passée est l'indice d'un ou plusieurs rafraîchissages et des grains d'un blanc ivoirin qui se rouillent. Si vous reconnaissiez une tare quelconque, n'achetez pas les grains ; ils n'ont alors aucune des qualités requises pour la conservation.

Quant aux Haricots en cosses, examinez-les bien ; ne prenez pas un ensemble où les gousses noires, tachées, molles et humides dominent, avec un commencement de pourriture. Préférez aux cosses déjà jaunes et ridées celles à l'enveloppe tendue et verte. Ouvrez quelques cosses pour vous rendre compte, et, si vous apercevez des grains vert-grisâtre, piquetés de noir, dont le germe proéminent semble vouloir percer le parchemin, ce sont des Haricots vieux cueillis qui se sont échauffés en tas ; leur goût est passé et dénaturé, ne les prenez pas.

Pour les verts en filets, choisissez-les rigides, bien verts, à peau mate, mais tendue ; que l'on sente à les voir une fraîcheur réelle.

Si, après la cueillette, vous étiez obligée de remettre au lendemain la préparation que vous aviez projetée, mettez les légumes à la cave et ne les laissez pas en tas.

Étendez-les sur une longue et large toile ; faites-en un semis qui les aère et empêche la chaleur qui s'accumule toujours dans le milieu d'une masse de les détériorer. Prenez la même précaution pour les Haricots verts en branches.

Néanmoins, il est toujours plus avantageux, pour l'excellence de la préparation, de ne pas faire attendre les légumes.

VI. — PRATIQUEZ RAPIDEMENT L'ÉCOSSAGE.

Écossez donc préférablement les Haricots Flageolets aussitôt après la cueillette ; pincez la cosse vers la base, juste au milieu des ligaments qui la ferment ; renversez le côté qui a reçu la torsion, et la cosse cède, mettant à nu une partie des grains. Aidez maintenant un peu celle-ci, forcez-la à s'ouvrir davantage en glissant les doigts vers le haut, longitudinalement. La cosse s'ouvre alors et présente son alignement de grains verts et réguliers, que vous devez maintenant enlever.

Pour faciliter l'ouverture entière, avancez le pouce gauche vers le haut, en maintenant fortement la cosse, dont l'extrémité inférieure disparaît dans la paume de la main droite, faisant office de récipient improvisé en même temps que le premier doigt détache vivement les grains qu'il projette dans cette sorte de coupe.

VII. — BLANCHIMENT, RAFFERMISSAGE ET MISE EN FLACONS.

Lorsque vous avez réuni votre provision de grains, blanchissez-la à l'eau bouillante pendant dix minutes. Glissez-la ensuite dans l'eau froide avec l'écumoire et aussitôt qu'ils sont complètement refroidis, mettez en flacons d'un litre. Ceux-ci doivent seulement occuper un peu plus des trois quarts des bocaux, car ils gonflent en cuisant ; tassez-les néanmoins et introduisez-les avec une cuiller ou faites un cornet en papier ainsi que nous l'indiquons pour les Céleris-Raves, Volume I de cet ouvrage, Chap. XXI, § VI, et laissez glisser doucement son contenu dans le bocal.

VIII. — FRACTIONNEZ LES HARICOTS VERTS DE QUATRE EN QUATRE CENTIMÈTRES.

Comme ces Haricots en gousses ne sont pas employés en entier, taillez-les régulièrement après leur blanchiment et leur rafraîchissage en petites fractions de 3 à 4 centimètres de longueur.

Pour cela, réunissez les gousses par deux ou trois, que vous alignez les unes près des autres et en hauteur. Rafraîchissez la coupe d'extrémité en la sectionnant en biseau, puis successivement de 4 en 4 centimètres environ toujours obliquement.

Maintenez les deux ou trois filets avec la main dont le poignet repose sur la table ; faites les sections les plus nettes possibles. N'appuyez pas trop dessus, car elles ont tendance à se diviser en deux.

Dès que vous avez ainsi sectionné les gousses en menus morceaux, comblez le vide des bocaux. Peu à peu, placez-les sur les grains et tassez légèrement avec l'extrémité des doigts, non pas avec les ongles, mais avec la chair, qui devient en l'occasion un pilon fort doux.

Laissez en haut un vide de 3 centimètres et demi, car les Haricots gonflent à la cuisson.

IX. — MOUILLEZ DE SAUMURE TITRANT TROIS DEGRÉS.

Les flacons de Haricots en grains et les flacons de Haricots panachés remplis, versez la saumure sur les Haricots.

Grâce à ce liquide, la cuisson se fait plus vite, plus régulièrement, et aussi le sel développe de suite le goût des légumes. Fermez maintenant vos flacons, *faites bouillir pendant une heure trois quarts (Bouchages hermétiques) et ne les laissez pas refroidir dans le bain. Désoxygénez jusqu'à 90 degrés, pincez les tétons, ébullitionnez trente minutes, laissez refroidir dans le bain pour les flacons du bouchage pneumatique.*

A peu de frais vous réaliserez cette préparation populaire, néanmoins recherchée ; sa simplicité est déjà pour vous une demi-garantie du succès.

CHAPITRE XIII

LES HARICOTS VERTS EN BRANCHES

I. VARIÉTÉS A CONSERVER DE JUILLET A SEPTEMBRE. || II. CHOIX DES COSSETTES. || III. FAITES LA CUEILLETTE LE MATIN. || IV. NE MÉLANGEZ PAS ENSEMBLE LES COSSETTES FINES, GROSSES ET MOYENNES. || V. EFFILEZ-LES AVANT DE LES BLANCHIR. || VI. METTEZ-LES EN FLACONS PAR PETITES POIGNÉES. || VII. PRIX DE REVIENT D'UN LITRE DE HARICOTS.

LA préparation des Conserves de Haricots en cossettes, facile et économique, est à la portée de tous. Aucune sorte ne s'y prête mieux, n'est de préparation plus simple et ne donne un rendement aussi important. Vous avez peut-être déjà essayé, Madame, ou on vous a parlé, des Conserves de Haricots dans la saumure et de celle à l'eau salée recouverte d'huile. A ces deux méthodes qui ont leur bon et leur mauvais côté, beaucoup de personnes préfèrent celle au naturel.

SUCCESSION DES OPÉRATIONS : HARICOTS VERTS. — *Effilez les Haricots et triez-les au fur et à mesure de cette manutention. Lavez à l'eau courante, blanchissez par petites quantités, raffermissez-les dans l'eau froide, faites égoutter sur un tamis et mettez en bocaux. Tassez pour éviter les vides. Mouillez de saumure. Bouchez et stérilisez.*

HARICOTS JAUNE BEURRE. — *Même procédé que pour les Haricots verts en branches, prolongez seulement de cinq minutes le temps du blanchiment et de quinze celui de la stérilisation.*

I. — VARIÉTÉS A CONSERVER DE JUILLET A SEPTEMBRE.

Toutes les variétés de Haricots ne donnent pas des cossettes aussi fines et se prêtant aussi bien à cette préparation. Parmi celles-ci, je vous recommande le Haricot de Bagnolet ou Haricot Suisse gris, nommé sur les marchés « Petit Gris », le Haricot de Bagnolet à feuille d'Ortie, le Noir de Belgique, le Haricot Shah de Perse, le Prédomé, sorte régionale normande à longues gousses que vous pouvez facilement sectionner en multiples biseaux. J'apprécie beaucoup en Conserves le Suisse et le Noir de Belgique ; tous deux sont exquis, avec cette particularité que le Suisse gris est plus tendre et plus fin. Quelques notes sur leurs qualités, leur précocité ne seront pas à dédaigner.

Le Haricot de Bagnolet (Suisse gris) a le mérite d'être excessivement tendre ; ses filets, très fins, sont striés de veines violacées (ne voyez pas un défaut dans ces marbrures, elles disparaissent lors du blanchiment). Sa production est très abondante, mais le seul reproche que l'on peut lui faire, c'est son peu de précocité, ce qui n'a pas une grande importance pour le but visé. Cette variété n'a pas de fils. Le Haricot de Bagnolet à feuilles d'Ortie, plus hâtif, a les mêmes qualités que le précédent; les gousses sont plus longues. Le Haricot noir de Belgique est très apprécié pour la culture de primeurs et pour la production des « filets » verts et fins très délicats. Le Haricot Shah de Perse produit abondamment et, comme ses cosses sont très longues, il donne un rendement appréciable.

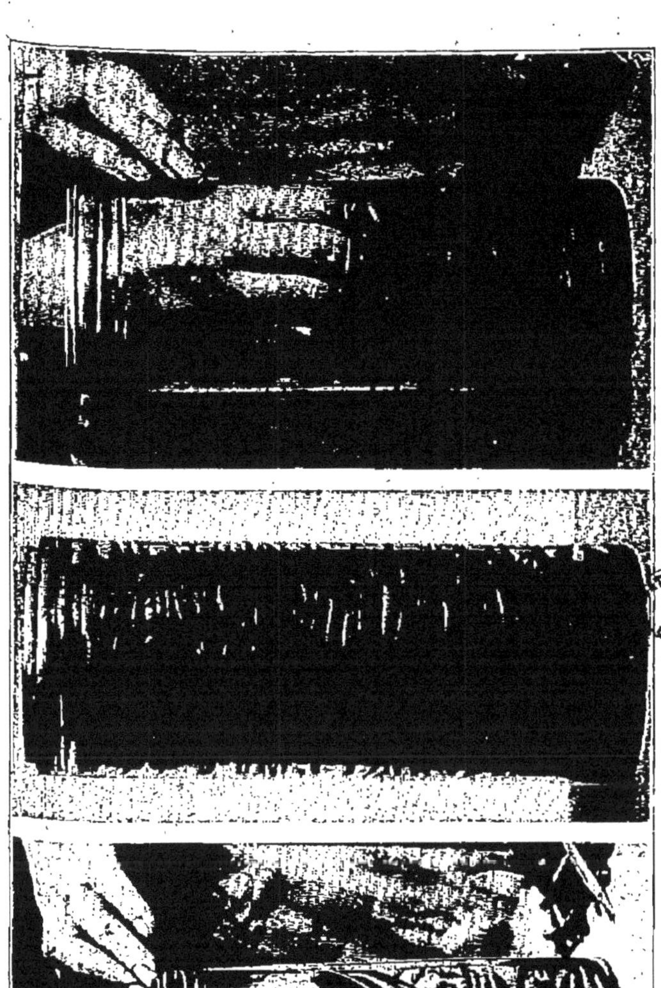

FIG. 48, 49, 50. — MISE DES COSSETTES EN FLACONS ET LEUR TASSEMENT.

Disposez successivement chaque poignée en cercle pour que les extrémités se touchent ; tassez-les au fur et à mesure avec les phalanges repliées ; vous obtenez alors un flacon ayant la meilleure apparence.

FIG. 51, 52 53. — COUPEZ LES GROS LÉGUMES EN TRANCHES ET LES TRANCHES EN BATONNETS.

Pelez, lavez, essuyez les Navets, Carottes, et taillez en longueur dans leur chair des tranches régulières, sectionnez ensuite ces tranches en batonnets d'un demi-centimètre de largeur.

Commencez la préparation des Conserves dès que les Haricots donnent beaucoup et ne constituent plus une primeur : par conséquent, à partir de la première quinzaine de Juillet dans le Midi de la France et dans le Sud-Ouest, à partir de la fin de ce mois et des premiers jours d'Août jusqu'en Septembre dans les autres contrées. Les Haricots conservés en Septembre n'ont pas moins de qualité que ceux préparés en Août, si les pluies et les arrosages, lors des périodes de sécheresse, les font rapidement grossir; c'est d'ailleurs pendant les périodes de rendement qu'il faut les préparer.

Conservez les Haricots jaune beurre absolument de la même façon que ceux-ci, et leur conservation est d'autant plus intéressante qu'ils constituent une des préparations les plus économiques si vous devez les acheter.

II. — CHOIX DES COSSETTES.

Quand vous affectez spécialement pour la conservation un ou plusieurs carrés de Haricots, il est nécessaire que vous procédiez à leur cueillette au fur et à mesure que les cossettes ont 4 millimètres de largeur sur 10 centimètres de longueur. Dans la majorité des cas, vous devez prélever vos provisions d'hiver dans les carrés destinés à la consommation à l'état frais. Les premières cueillettes sont alors préférables, car elles permettent d'avoir plus de régularité dans la grosseur et la largeur des cossettes.

Il est bien rare, cependant, que vous puissiez récolter des Haricots d'égale grosseur, un triage est donc nécessaire.

Vous pouvez l'effectuer au fur et à mesure de la cueillette, mais je vous engage plutôt à prendre sur place indistinctement toutes les gousses petites, fines et moyennes, à condition toutefois qu'elles soient bien tendres, cassantes et non encore filandreuses. Si vous devez acheter des Haricots, un triage plus sévère est nécessaire, car ils sont généralement très mélangés et de grosseurs comprenant plus particulièrement les fins et les moyens.

Que vous achetiez les Haricots ou que vous les cueilliez tels quels, faites-en trois choix distincts : les extra-fins, ayant 4 à 5 millimètres de largeur sur 10 centimètres de longueur ; les fins, 5 à 6 millimètres de largeur et les moyens, 6 à 8 millimètres de largeur ; trois catégories que vous conserverez séparément.

III. — FAITES LA CUEILLETTE LE MATIN.

Effectuez la cueillette dès le matin ; le soleil n'a pas encore flétri les feuilles et chauffé les cosses. Les Haricots, reposés par la nuit, sont plus frais et se préparent mieux. N'exagérez en rien le choix des filets, une gousse d'une finesse excessive de moins de 3 millimètres de largeur n'a aucun goût après la cuisson ; celles de 4 à 5 millimètres de largeur ont, par contre, la saveur recherchée. Jusqu'à 8 millimètres de largeur, les Haricots sont tendres et peuvent être conservés. Plus gros, et surtout s'il fait sec, les gousses sont parcheminées et filandreuses. Choisissez donc les Haricots bien verts, d'une fraîcheur parfaite, très tendres. Montrez-vous difficile pour ceux que vous pourriez être obligée d'acheter et ne prenez que ceux à l'écorce lisse et fortement tendue ; un épiderme flasque et ridé est l'indice d'une fraîcheur douteuse, et ce serait aller au-devant d'un échec que de vouloir les conserver.

Voici comment vous pouvez vérifier si les Haricots

que vous voulez conserver sont frais et tendres : prenez une gousse et cherchez à relier ses deux extrémités. Si le filet est frais et tendre, il doit se casser nettement au milieu et sans qu'il se détache de filament ; s'il ne l'est pas, au contraire, il plie, forme une boucle, mais sans se briser.

IV. — NE MÉLANGEZ PAS ENSEMBLE LES COSSETTES FINES, GROSSES ET MOYENNES.

Lorsque la quantité à mettre en Conserve est réunie, commencez-en le triage ; mettez les extra-fins à part ainsi que les fins et les moyens, et choisissez-les à peu près d'égale longueur, dans chacun de ces trois choix. Ne vous tenez cependant pas à cette dernière condition, c'est peu de chose, et dans les premières saisons les Haricots ont à peu près le même développement.

Les Haricots extra-fins conviennent surtout pour la préparation des plats choisis ; mais les fins et les moyens fournissent des Conserves également savoureuses et de beaucoup de goût pour la table familiale.

Lorsque votre triage est fait en deux ou trois catégories d'après leur grosseur (extra-fins, fins et moyens), épluchez les Haricots soigneusement, pour qu'il ne reste aucun fil, surtout dans ceux de grosseur moyenne. Procédez à cet épluchage successivement par catégorie et sans les mélanger, à moins que vous ne préfériez procéder inversement : les trier au fur et à mesure que vous les épluchez.

V. — EFFILEZ-LES AVANT DE LES BLANCHIR.

Pour enlever les fils des gousses de Haricots, prenez une cossette, pincez avec les ongles du pouce et de l'index réunis, les deux extrémités l'une après l'autre, de façon à enlever complètement la partie coriace et les fils. Tirez doucement l'extrémité que vous avez supprimée par cette sorte de torsion, afin que le filament ne casse pas dès le début, car il est impossible de le reprendre ensuite, et rien n'est plus désagréable que de trouver ces petits fils sous la dent. Ne faites pas non plus les coupes des deux extrémités trop brusquement; pour que le fil se détache, il est nécessaire que la partie plus ligneuse de l'extrémité sectionnée adhère encore un peu à la gousse, sans quoi ce fil reste à l'intérieur et rend le légume filandreux.

Ces recommandations ne s'appliquent pas aux Haricots extra-fins. Comme ces derniers ne contiennent pas de fils, sectionnez simplement chacune des deux extrémités de chaque cossette. Laissez aux gousses de Haricots toute leur longueur, c'est préférable; elles se gorgent moins d'eau, et le mélange se présente mieux.

Ce travail effectué, lavez soigneusement les Haricots plusieurs fois à l'eau fraîche, car les branches extérieures de la plante sont si près de terre que les gousses en sont parfois toutes souillées. Pendant ce nettoyage, mettez sur le feu une bassine, une marmite ou tout autre récipient contenant de l'eau pour le blanchiment des légumes. L'eau doit être en quantité suffisante pour recouvrir totalement les Haricots. Portez celle-ci à l'ébullition et ajoutez environ 10 grammes de sel pour 2 litres d'eau. Cela fait, enlevez les Haricots de l'eau froide et plongez-les dans l'eau bouillante. Couvrez la marmite ou la bassine, car les Haricots ont arrêté l'ébullition. Surveillez, et, lorsque l'eau se met de nouveau à bouillir, comptez six à huit minutes pour le blanchiment des Haricots verts, une dizaine de minutes si ce sont des

Haricots jaune beurre. Ce temps écoulé, enlevez prestement les Haricots et plongez-les dans une bassine d'eau froide courante jusqu'à complet refroidissement. Vos Haricots sont prêts pour la mise en flacons qui doit suivre aussitôt.

Préparées de cette façon, les gousses gardent leur couleur naturelle, qui a cependant une tendance à se foncer et à brunir légèrement. Si vous voulez leur donner une teinte verte plus vive, ce qui n'ajoute ni ne retire rien à leur qualité, procédez au verdissage artificiel ainsi que je vous l'ai précédemment indiqué (Vol. I, chap. VI, § 4.) Préférez les litres, et les demi-litres quand les légumes sont destinés aux garnitures.

VI. — METTEZ-LES EN FLACONS PAR PETITES POIGNÉES.

Il s'agit maintenant de faire tenir le plus de gousses possible dans chaque bocal, ce qui n'est pas toujours chose aisée, parce que ceux-ci ont souvent une ouverture exiguë. Pour cela, n'emplissez pas vos bocaux sans méthode, en introduisant les Haricots en masse sans ordre ; la quantité qui y tiendrait serait minime, les extrémités s'enchevêtrant les unes dans les autres occasionneraient des vides nombreux, que vous ne pourriez combler qu'en tassant ou en écrasant les Haricots introduits. Pour les tasser, vous devriez avoir recours à un champignon de bois ou à une baguette qui auraient l'un et l'autre le désavantage d'endommager les gousses. Suppléez adroitement à cet inconvénient en procédant ainsi dès le début de l'introduction des gousses. Réunissez-les par petites poignées d'égale grosseur, placez-les parallèlement les unes au-dessus des autres dans le sens de la longueur dans le creux de la main, en égalisant au mieux les extrémités. Introduisez-les alors au fur et à mesure dans le bocal. Pour cela, inclinez celui-ci et laissez glisser chaque poignée préparée qui se place d'elle-même.

Lorsqu'elle est introduite, frappez doucement la partie inférieure du bocal sur une table pour étaler les Haricots; puis continuez à poser d'autres poignées en les plaçant en cercle contre les parois du bocal, de telle façon que leurs extrémités se touchent. Comme il resterait un creux au centre, placez au fur et à mesure une poignée transversalement. Lorsque votre bocal est rempli jusqu'au tiers de sa hauteur, vous pouvez plus facilement poser chaque poignée bien à sa place, en introduisant la main et en tassant les gousses au fur et à mesure, tantôt avec les extrémités des doigts et avec ceux-ci repliés faisant office de pilon, afin qu'il ne reste aucun vide. Dans le cas contraire, la chaleur se répartissant irrégulièrement lors de la stérilisation peut influencer le résultat.

Emplissez les bocaux jusqu'à 15 millimètres des bords supérieurs, mouillez avec la saumure titrant 3 degrés. Bouchez et faites cuire au bain-marie pendant *une heure et demie pour les bocaux d'une contenance d'un litre, et une heure un quart pour ceux d'un demi-litre (Bouchages hermétiques), ne les laissez pas refroidir dans le bain. Désoxygénez jusqu'à 90 degrés, pincez les tétons, ébullitionnez quinze minutes, laissez refroidir dans le bain (Bouchage pneumatique). Donnez quinze minutes de plus si ce sont des Haricots jaune beurre.*

VII. — PRIX DE REVIENT D'UN LITRE DE HARICOTS.

Quelle quantité de cossettes vous faut-il pour préparer un bocal d'un litre de Haricots verts, et sur quel déchet devez-vous compter par kilogramme de Haricots cueillis? Cela dépend un peu de l'état d'avancement des gousses. Pour six bocaux d'un litre, il faut prévoir 5 kg. 250 de cossettes, qui donnent net, après épluchage, environ 4 kg. 500, soit 700 à 750 grammes de déchet. Vous pouvez donc évaluer que les cossettes vous fourniront toutes épluchées les six septièmes aux sept huitièmes de leur poids après la cueillette, et ce déchet est d'autant plus grand que les cossettes sont plus grosses. Il faut en outre ajouter une perte d'un vingt-cinquième environ du poids, au blanchiment (environ 25 à 30 grammes pour un poids net de 600 grammes de Haricots.

Au cours des préparations de Conserves que je fais chaque année, j'ai constaté que cette quantité me fournit, lorsqu'il s'agit de cossettes sans fils, non encore parcheminées : trois bocaux d'un litre de filets extra-fins, deux bocaux de filets fins, un bocal de filets moyens. Un bocal d'un litre contient un poids plus grand de Haricots extra-fins, qui se tassent mieux (environ 775 grammes) que des Haricots en filets de grosseur moyenne (environ 650 grammes). A titre d'indication, le bocal vide pèse 525 grammes environ ; plein de Haricots blanchis (choix moyen, 1 175 grammes ; avec l'eau et le sel avant la cuisson, 1 450 à 1 600 grammes, car le remplissage nécessite l'ajouté d'environ 280 à 300 centilitres d'eau.)

Le prix de revient de ces six bocaux d'un litre s'établit ainsi :

5 kg. 250 de Haricots à 0 fr. 80	4 fr. 20
Bocaux, amortissement et couvercle. .	1 fr. 20
Triage, épluchage, préparation, six heures à 0 fr. 30	1 fr. 80
Cuisson 0 fr. 10 par bocal.	0 fr. 60
Total	7 fr. 80

soit 1 fr. 30 par bocal en comptant très largement tous les frais, car l'amortissement des bocaux ne revient pas à plus de 0 fr. 60, et le prix de la cuisson est largement évalué.

En outre, même si vous achetez les Haricots, vous aurez fréquemment l'occasion de les payer 0 fr. 60 le kilogramme, et si vous les récoltez ils ne reviennent pas à plus de 30 à 40 centimes par kilogramme, y compris les frais de cueillette. Sur ces nouvelles bases et dans ces conditions, le prix de revient s'abaisse par bocal de 0 fr. 10 pour le verre et 35 à 45 centimes pour les Haricots. Il s'établit donc entre 0 fr. 65 à 0 fr. 75 par bocal d'un litre.

La main-d'œuvre est chiffrée comme pour une fabrication commerciale, ce dont on ne tient généralement pas compte à la maison, puisque ces préparations sont comprises parmi les autres travaux du ménage et de la cuisine, sans exiger des dépenses supplémentaires de personnel. Vous avez donc, Madame, intérêt au triple point de vue : économie, perfection et qualité, à conserver des Haricots et à les préparer à la maison.

CHAPITRE XIV

LA LAITUE ACCOMMODÉE

I. Variétés a préférer. || II. Eclatez les pommes au fur et a mesure de leur nettoyage. || III. Blanchissez, Hachez la laitue et sautez-la au beurre.

Ce n'est qu'une variante perfectionnée des Conserves d'Oseille, Chapitre XVI, et d'Épinards desquelles elle diffère cependant par quelques détails.

En Mai-Juin, vous trouvez au jardin les Laitues bien pommées qui font les délices de la table; mais comme cette production dépasse toujours l'usage que l'on en fait, surtout lorsque survient une « vague de chaleur » faisant en une journée monter une planche entière de Laitues; mettez donc en Conserve l'excédent inutilisé, ou prélevez sur vos plantations les quantités dont vous avez besoin.

SUCCESSION DES OPÉRATIONS. — Prenez des Laitues bien pommées, enlevez le pied ramifié, éclatez les feuilles, lavez-les, blanchissez-les cinq minutes à l'eau bouillante. Rafraîchissez la Laitue, égouttez, hachez, sautez-la au beurre frais un quart d'heure, mettez en bocaux, mouillez de bouillon, bouchez et stérilisez.

I. — VARIÉTÉS A PRÉFÉRER.

Les Laitues blondes et blanches, la dernière surtout,

voire même la Batavia, sont les plus recommandables ; la rouge pourrait aussi être conservée mais elle est un peu plus dure et semble moins fine. Coupez ou arrachez-les alors qu'elles sont bien pommées, rondes et gonflées sans éclatement ni pourriture. Cueillez votre provision le matin quand la chaleur n'a pas encore flétri et séché les feuilles, vous obtiendrez alors les Laitues avec toutes leurs qualités de fraîcheur.

Ce légume « fondant » beaucoup, c'est-à-dire diminuant à la cuisson, ne craignez pas de couper ou d'arracher bon nombre de pieds, et choisissez surtout ceux dont les pommes sont les plus serrées. Assurez-vous de cette condition avant l'arrachage en touchant le cœur.

II. — ÉCLATEZ LES POMMES AU FUR ET A MESURE DE LEUR NETTOYAGE.

Si la Laitue a été arrachée, commencez la série des opérations en coupant le pied chevelu et jetez-le en même temps que les feuilles du tour, vertes, dures et filandreuses.

Cette manutention est la plus grossière, aussi pouvez-vous la faire exécuter hors de la cuisine, afin de ne pas apporter un supplément de travail que donne le nettoyage de la terre restée dans les racines chevelues et dans les feuilles de la base.

Quand cette ablation est faite, vous avez obtenu une pomme dure, vert blanchâtre d'une extrême propreté ; opérez ainsi jusqu'à ce que vous ayez épuisé la provision que vous projetez de mettre en Conserves. Toutes les pommes réunies, éclatez chacune d'elles et mettez les feuilles au fur et à mesure de leur préparation dans une bassine remplie d'eau où elles vont se débarrasser seules des molécules de terre, fibres de terreau, etc

Afin que le lavage soit parfait, ne mettez pas plus de six à sept cœurs dans le récipient, s'il est grand ; trois à quatre s'il est petit, puis vérifiez encore soigneusement cette première provision. Dressez-la sur un tamis, plongez-la une seconde fois dans l'eau, brassez-la et égouttez; du reste, ces soins de nettoyage sont les mêmes que pour l'Oseille (Chap. XVI § 4).

III. — BLANCHISSEZ, HACHEZ LA LAITUE ET SAUTEZ-LA AU BEURRE.

Au fur et à mesure que les provisions se nettoient, blanchissez-les trois à sept minutes à l'eau bouillante, toujours en plusieurs portions, vous gagnez du temps et les légumes sont mieux préparés ainsi. Rafraîchissez à l'eau courante et laissez-les égoutter définitivement sur un tamis en crin pendant quelques minutes. Pressez-les ensuite avec le pilon de bois pour forcer seulement l'eau à s'échapper, et préparez-vous à hacher en menus morceaux la Laitue rafraîchie.

Versez-en une petite quantité sur la planche spéciale à cet usage, et munissez-vous d'un couperet bien tranchant. Une vingtaine de coups auront vite raison de la masse. Donnez les coups mollement pour éviter la fatigue, lorsque le poignet agit avec raideur, le travail est pénible.

Quand la Laitue est réduite à l'état de hachis, mettez alors du beurre dans une casserole, environ 1/4 pour 16 Laitues. Aussitôt qu'il est fondu et bien blond, renversez dessus la Laitue et laissez ainsi rissoler pendant un quart d'heure environ. Donnez quelque attention, sautez et mêlez pour que la Laitue ne s'attache pas au fond de la casserole. Mettez cette sorte de crème verte en flacons petits, demi-litre ou un litre, et mouillez de bouillon gras clarifié. *Bouchez, désoxygénez jusqu'à 90 degrés, pincez les tétons, ébullitionnez trente minutes pour les flacons à fermeture pneumatique et laissez refroidir dans le bain; trois quarts d'heure sont nécessaires pour les flacons d'un demi-litre, une heure pour les litres bouchages hermétiques; mais ne les laissez pas refroidir dans le bain.*

La Laitue accommodée constitue une réserve exquise qu'il est nécessaire de comprendre parmi les Conserves ménagères en raison de son prix de revient des plus modiques ; c'est la vraie préparation familiale, hygiénique et savoureuse.

CHAPITRE XV

LES MACÉDOINES DE LÉGUMES

I. Composition des Macédoines. || II. Quels bocaux choisir. || III. Choix et nettoyage des légumes. || IV. Comment parer les légumes. || V. Blanchissez chaque légume séparément. || VI. Variez les couleurs.

Ces préparations pratiques, en raison de leur emploi très large en cuisine, sont désignées très souvent sous les noms de « Jardinières » et de « Juliennes »; mais cette dernière appellation semble plutôt réservée pour les légumes destinés à la confection des potages. Le mélange « Julienne » comprend exclusivement les : Navets, Carottes, brins de Poireaux taillés en filaments minces; et la conserve de ceux-ci est moins intéressante parce qu'il est facile de se procurer ces légumes toute l'année.

Macédoines et Jardinières au contraire ont d'appréciables qualités, en ce sens qu'elles permettent à chacun d'utiliser aux approches de l'arrière saison — avant que les Petits Pois aient disparu — les légumes existant au potager, et dont on apprécie moins la fraîcheur parce que leur production est soutenue. C'est, à mon avis, la préparation la plus facilement réalisable, la plus accessible à tous, car les éléments qu'elle demande se trouvent dans le potager le plus modeste, et *la variété supplée à la quan-*

tité, détail qui a son importance, si vous ne possédez pas un potager très vaste.

SUCCESSION DES OPÉRATIONS. — Nettoyez les légumes suivant l'espèce : blanchissez-les ensemble quinze secondes dans des boules en fer, ou séparément, afin qu'ils ne se mélangent pas. Rafraîchissez-les à l'eau courante, mettez en flacons et variez les catégories au mieux ; versez la saumure. Bouchez, stérilisez.

I. — COMPOSITION DES MACÉDOINES.

Ces préparations sont constituées par un mélange de quatre, cinq, six légumes divisés, fractionnés ou « tournés », découpés à l'aide d'outils spéciaux dans les proportions déterminées préalablement. Les Carottes, Navets, Haricots verts, Haricots Flageolets, Soissons, Petits Pois, sont les plus employés. Les trois premiers exigent un façonnage ; les derniers s'emploient tels quels.

A volonté, transformez cette liste, et préparez des Macédoines plus fines ; les pointes d'Asperges vertes, les fonds d'Artichauts, les fleurons de Choux-fleurs, mariés à quelques-uns des légumes précédents, constituent alors des Conserves de choix pouvant accompagner les rôtis les plus fins. Voici du reste quelques exemples de composition dont vous pouvez vous inspirer.

Macédoines pour la consommation familiale :

1er *Exemple :* Petits Pois, Carottes, Navets, Haricots verts, Soissons, Haricots Flageolets ;

2e *Exemple :* Carottes, Navets, Haricots verts, Petits Pois, Choux-Fleurs.

Macédoines fines : 1er *Exemple :* Fonds d'Artichauts, Navets, Petits Pois, Carottes, Pointes d'Asperges vertes ;

2e *Exemple :* Haricots Flageolets, Navets, Cœurs de Laitues, Carottes, Petits Pois.

II. — QUELS BOCAUX CHOISIR.

Pour conserver ces légumes, employez les bocaux d'un litre préférablement à tous les autres, parce qu'ils permettent un mélange bien proportionné. Vous avez le choix entre deux formes de bocaux différentes : la forme cylindrique et celle du commerce plutôt allongée ressemblant à un flacon. La forme n'indique rien, et le commerce utilise le flacon préférablement au bocal cylindrique en raison de son aspect plus séduisant. Au contraire, dans les ménages, il est préférable d'adopter les formes cylindriques pour plusieurs raisons : 1° parce qu'elles contiennent davantage de légumes ; 2° parce que le placement de ceux-ci se fait sans peine ; 3° parce qu'ils sont d'un logement plus facile.

III. — CHOIX ET NETTOYAGE DES LÉGUMES.

La cueillette, le choix des Pois, Haricots, Carottes doivent être faits aussi minutieusement que s'il s'agissait de la préparation de ces légumes seuls. Fraîcheur, beauté, maturité, chairs indemnes de tares, tout doit être minutieusement observé.

Le nettoyage comprenant l'épluchage pour les Navets et les Carottes, l'effilage pour les Haricots verts, l'écossage pour les Flageolets, Soissons et Petits Pois, doit être pratiqué très sévèrement aussi, afin que les légumes aient la plus grande netteté au moment de leur mise en Conserve. Comptez environ 100 grammes de légumes de chacune des sortes pour remplir un bocal d'un litre ; bien entendu, le nettoyage des légumes est complété par le lavage et l'égouttage sur le tamis avant le blanchiment.

Les détails qui vont suivre peuvent paraître superflus,

mais ils sont dictés par la pratique même, et vous en reconnaîtrez, Madame, toute l'utilité au cours de la préparation de la Macédoine. Cette conserve est, en effet, une suite de manutentions qui, sans être longues et difficiles, demandent quelque temps. Ce qu'il faut, avant tout, c'est procéder avec méthode et ne rien embrouiller ni compliquer, en commençant à la fois la toilette de tous les légumes.

Préparez d'abord ceux demandant la plus longue préparation : Carottes, Navets, Haricots, pour deux causes différentes : 1° afin, de garantir la fraîcheur des autres plus fragiles ; les Haricots Flageolets, les Petits Pois sont plus sensibles que les autres ; au contact de l'air, leur épiderme sèche, ils se fanent ; ainsi ils attendront sans risques dans leur cosses ; 2° pour ne pas vous fatiguer trop à leurs apprêts ; c'est toujours un mauvais procédé que de débuter par les opérations courtes ; quand les plus longues surviennent — surtout à la fin des manutentions déjà minutieuses — elles fatiguent, et on prend alors de moins en moins d'intérêt à la préparation.

IV. — COMMENT PARER LES LÉGUMES.

Bien que les différents modèles de découpage n'ajoutent rien à la saveur de la Macédoine, façonnez les Carottes et les Navets et découpez les Haricots verts. Dans les préparations industrielles, ce découpage est obtenu par des machines, qui taillent dans la chair des légumes des étoiles, des carrés, etc. Il est compréhensible que, dans les ménages, ces découpages soient moins courants, puisque les machines font généralement défaut ; néanmoins, vous pouvez y suppléer en découpant les légumes à la main, ou en employant des petits outils spéciaux qui

FIG. 54. — COUPEZ LES CAROTTES EN PETITS CARRÉS.

Réunissez sous la main quelques lamelles de Carottes que vous alignez régulièrement pour que le couteau les coupe à la même longueur. Reculez la main au fur et à mesure que les divisions se multiplient.

FIG. 55. — DIVISEZ LES HARICOTS VERTS.

Après avoir été effilés soigneusement, lavés, égouttés, réunissez ensemble quelques cosses de Haricots verts et sectionnez en biseau.

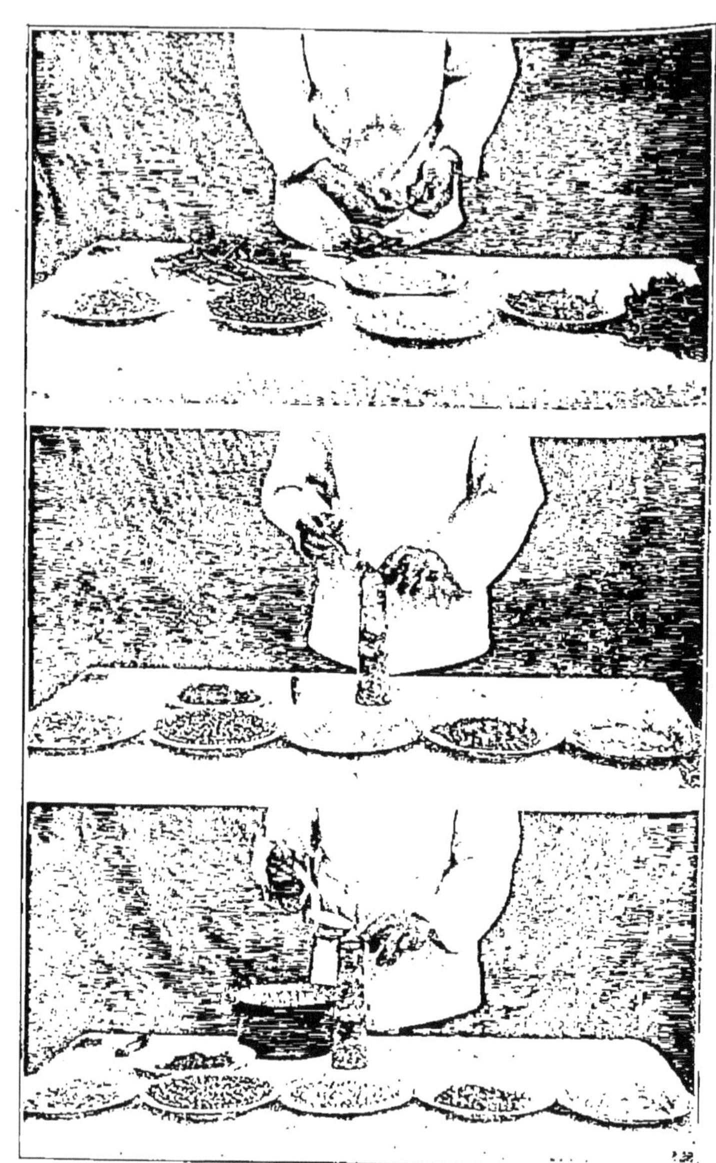

FIG. 56, 57, 58. — ÉCOSSEZ LES FLAGEOLETS ET REMPLISSEZ LE FLACON PAR COUCHES.

Dès que les légumes sont blanchis et rafraîchis, disposez-les par catégories, dans l'ordre qu'ils occuperont dans les flacons. Introduisez-les par couche avec une cuillère, en ayant soin de varier le mélange de couleurs ; mouillez de saumure chaude.

vous donnent des dessins agréables. Si ces deux moyens ne vous intéressent pas, vous avez l'unique ressource de tailler les légumes en dés mignons, ce qui est encore le parti le plus simple et le plus économique ; les machines et les instruments, les plus perfectionnés soient-ils, donnent un déchet avec lequel il faut compter. Ne l'oubliez donc pas si vous devez avoir recours à eux; quant à celui produit par le découpage en dés, il est insignifiant.

Après avoir pelé convenablement les Carottes, lavez-les et essuyez-les. Placez-les sur une planche large et épaisse, la planche à hacher par exemple — plus elle est massive mieux elle vaut — et divisez leur chair dans le sens dela longueur en tranches minces et plates d'un demi-centimètre.

Un légume moyen fournit environ six à huit tranches. Les premières lames ne seront peut être pas d'une coupe impeccable, mais je vous conseille, pour acquérir vite la dextérité nécessaire, de terminer toutes les coupes que nécessite la provision de Carottes amassée, avant de sectionner les tranches en filaments ou bâtonnets. Pour faire des tranches nettes, l'essentiel est de prendre un point d'appui sûr, afin d'avoir le plus de commodité possible. Immobilisez donc le légume en le stabilisant avec la main gauche et taillez hardiment en déplaçant uniquement les doigts, continuez ainsi jusqu'à l'épuisement des Carottes. Superposez ensuite, au-dessus les unes des autres, plusieurs de ces tranches minces — de dimensions équivalentes naturellement — et coupez à pleine chair des lamelles longues ayant à peu près un demi-centimètre de large.

Alignez ensuite sept à huit bâtonnets et maintenez-les avec la main gauche pour qu'ils ne bougent pas — sans quoi vos dés seraient irréguliers. Divisez-les par une série de coupes nettes en petits carrés d'un demi-centimètre de côté. Au cours de ces sectionnements multiples, la main seule doit reculer, mais non le petit bottillon de lamelles. Les Navets subiront la même toilette et des divisions identiques; quant aux Haricots verts, après avoir été effilés, lavés et égouttés, coupez-les comme il est indiqué aux Haricots panachés, Chap. XII, § 8.

Les Pois et les Haricots Flageolets ne nécessitent d'autres manutentions que l'écossage et le lavage. Si vous employez les fleurons de Choux-Fleurs, les fonds d'Artichauts, les Pointes d'Asperges vertes, préparez-les ainsi que nous l'avons déjà indiqué.

V. — BLANCHISSEZ CHAQUE LÉGUME SÉPARÉMENT.

Afin de ne pas mélanger ce que vous avez préparé soigneusement, blanchissez chaque catégorie de légumes à part. Un moyen très simple qui abrège le temps des manutentions consiste à employer des boules sphériques en fer-blanc, perforées, donnant la faculté de ne faire qu'une seule opération.

Prenez donc autant de boules que vous avez de sortes de légumes; dans chacune d'elles, versez la provision sans la tasser, et fermez cette boule par l'agrafe en fer. Pour plus de sécurité encore, car l'agrafe peut s'ouvrir dans le bain du blanchiment sous le poids d'une boule voisine, passez dans la sorte de boutonnière qui forme la fermeture un petit bâtonnet léger et flexible, ou mieux nouez là avec une ficelle.

Si vous ne possédez pas de boules perforées, remplacez celles-ci par des petits sacs en toile fine noués d'une ficelle très serrée ; ainsi vous évitez quatre à cinq blanchiments successifs.

Les Artichauts sont toujours blanchis à part, car il faut compter près de vingt-cinq minutes d'ébullition ; les Choux-Fleurs trop volumineux obligent également à cette manutention ; quant aux Pointes d'Asperges, elles doivent rester seulement quatre à cinq minutes.

N'épargnez pas l'eau du blanchiment ; mettez à chauffer une provision assez grande pour que les légumes baignent à l'aise. Lorsque l'eau bouillonne, salez légèrement, jetez les boules les unes après les autres, couvrez et laissez bouillir pendant dix à quinze minutes. Rafraîchissez à l'eau courante, égouttez, déversez le contenu des boules dans autant de récipients que vous avez d'espèces de légumes, et commencez le placement de ceux-ci dans les bocaux.

VI. — VARIEZ LES COULEURS.

Cette dernière manutention n'est rien ; il suffit seulement d'équilibrer et de répartir les quantités uniformes pour que la garniture soit homogène. Voici comment vous procédez afin de concilier cette bonne répartition et aussi une harmonieuse présentation.

Lorsque chaque variété de légume est débarrassée le plus possible de l'eau de rafraîchissage, renversez-la sur une assiette et alignez sur la table de cuisine les différents types, en tenant compte de leur couleur : blanc, vert, rouge, etc., c'est-à-dire en lui donnant le même rang d'ordre qu'ils occuperont dans les bocaux. Ainsi vous n'aurez qu'à puiser dans les assiettes successivement, sans crainte d'erreur.

Employez, pour remplir les flacons, une cuiller à soupe et chargez-la lourdement de légumes suivant la grandeur du flacon et aussi le nombre des légumes qui font partie de la Macédoine. Renversez dans celui-ci trois ou quatre grandes cuillerées de légumes. Par exemple, voici les Haricots Soissons recouverts de losanges de Haricots verts ; continuez par les Navets, auxquels succèdent les Petits Pois que vous couvrez de Carottes ; puis terminez avec les Flageolets. Garnissez ensuite de saumure avec une louche petite pour éviter les débordements, car l'eau pénètre doucement parmi ces légumes menus.

Pour les flacons à bouchage pneumatique, bouchez, désoxygénez jusqu'à 90 degrés ; pincez les tétons, ébullitionnez pendant trente minutes et laissez refroidir dans le bain. Ceux à fermetures hermétiques demandent une heure et demie pour les litres, une heure un quart pour les demi-litres; mais ne les laissez pas refroidir dans le bain.

Ces Conserves très économiques accompagnent également bien les viandes rouges ou blanches et, pour les garnitures froides : cornet de jambon, salade russe, etc., elles sont à ce point de vue sans rivales.

CHAPITRE XVI

L'OSEILLE

I. Quand faut-il faire les Conserves d'Oseille. || II Préférez les petites feuilles bien constituées. || III. Comment effiler l'Oseille. || IV. Lavez l'Oseille plusieurs fois. || V. Trois manières de conserver l'Oseille. || VI. Flacons et pots en grès. || VII. Oseille au naturel. || VIII. Oseille demi-cuite. || IX. Oseille paysanne.

Elles sont rares les campagnes où les ménagères ne gardent pas pour l'hiver quelques potées d'Oseille destinées exclusivement à la confection des potages. Le plus souvent, cette préparation est entourée d'un semblant de mystère ; c'est que la recette s'est perpétuée de mère à fille et garde la valeur des choses traditionnelles !

Sans se compromettre, on peut dire qu'avec les Haricots verts en branches, l'Oseille est la Conserve la plus populaire qu'il soit. Il n'est pas du reste de légume moins exigeant, et les différents modes de conservation employés le montrent suffisamment. Conservée au sel, cuite à demi et recouverte d'huile, de beurre ou de saindoux, préparée au naturel en la faisant cuire préalablement, elle est toujours appréciée et se conserve bien.

La plupart de ces recettes sont excellentes, avec néanmoins quelques petites différences dans le résultat quant à la finesse et au goût. Je vous donnerai donc les formules des deux meilleures, plus couramment usitées, en même temps que vous lirez une spécialité de campagne très délicate.

L'utilisation de l'Oseille peut ne pas se tenir exclusivement à la confection des potages, mais au contraire s'étendre et composer un plat de légume sain, accompagner le rôti, servir de socle aux œufs cuits de différentes façons.

SUCCESSION DES OPÉRATIONS : OSEILLE AU NATUREL. — *Effilez, lavez, cuisez parfaitement jusqu'à consistance moyenne, mettez en flacons sans sel. Bouchez, stérilisez.*

OSEILLE DEMI-CUITE. — *Mêmes soins de propreté mais cuisson moins prolongée ; pas de stérilisation, mettez en pots en grès et recouvrez de beurre ou de saindoux. Encapuchonnez les pots.*

OSEILLE PAYSANNE. — *Soins de propreté minutieux, pas de lavage. Cuisson au beurre, 250 grammes et ajouté de sel correspondant. Quand l'eau de végétation et le sel ne remontent plus à la surface, mettez en flacons ou en pots en grès et recouvrez d'une couche de beurre. Encapuchonnez les pots.*

I. — QUAND FAUT-IL FAIRE LES CONSERVES D'OSEILLE.

C'est vers Septembre-Octobre qu'il convient d'exécuter cette Conserve. L'Oseille, ayant été coupée ras de terre jusqu'en Août, pour éviter qu'elle monte, donne à nouveau à cette époque, en raison des nuits plus fraîches, des feuilles petites et tendres. Utilisez-les donc avant la gelée, plutôt que celles larges et épaisses poussées en Juillet-Août, ayant de longs fils épais et charnus ; vous évitez ainsi une manipulation un peu longue, en même temps que vous obtenez une Conserve plus homogène, aucunement filandreuse.

Ce n'est pas vous dire qu'il est impossible de mettre en Conserves ces feuilles épaisses, tout est praticable ; mais votre préparation sera, dans ces conditions, d'un goût plus corsé et vous devrez bannir sévèrement tous les fils.

II. — PRÉFÉREZ LES PETITES FEUILLES BIEN CONSTITUÉES.

Ce légume « fondant » dans les mêmes proportions que la Laitue, cueillez au jardin par un temps sec si possible une bonne provision de feuilles.

Choisissez les petites feuilles, saines et très franchement vertes. Quand ce n'est pas le jardin qui vous fournit ce légume, veillez à ce qu'il présente les mêmes qualités de fraîcheur et de finesse. Employez-les fraîchement cueillies, car les feuilles s'échauffent en tas, jaunissent, perdent leur parfum, et l'effilage s'opère moins facilement.

III. — COMMENT EFFILER L'OSEILLE.

Pour les jeunes feuilles, cassez le pédoncule auprès de la feuille même : c'est tout le nettoyage qu'il leur faut. Au fur et à mesure que vous opérez cette ablation, jetez l'Oseille dans un récipient rempli d'eau froide pour qu'elle baigne complètement et se débarrasse de la terre ou du sable dont les feuilles sont recouvertes. Au contraire, si vous préférez utiliser l'Oseille âgée, plus mûre, il est de toute utilité de l'effiler, car la côte coriace ne cuisant pas complètement flotte parmi la masse, ce qui n'est guère agréable ni à la vue, ni au palais.

Pour l'enlever, procédez ainsi : tenez la feuille de la main gauche par le pédoncule; avec la droite, repliez les deux côtés sur eux-mêmes; prenez les deux lobes aux extrémités, où ils s'attachent au pédoncule, et tirez en longueur doucement, sans secousse, de manière que le tissu un peu ligneux et charnu qui constitue la côte de la feuille reste d'une seule venue et soit intact, laissant ainsi isolée la partie comestible.

IV. — LAVEZ L'OSEILLE PLUSIEURS FOIS.

Ne tassez pas trop les feuilles dans le récipient où elles se lavent; le mieux est de faire plusieurs parts de votre provision, de nettoyer d'abord une à une celles-ci et de les mettre à cuire successivement : la seconde part quand la première est un peu fondue, la troisième quand la deuxième est déjà diminuée, et ainsi de suite.

En effet, la grande quantité nécessaire pour une provision est toujours embarrassante à laver en une seule fois; si vous le voulez ainsi, elle risque alors de l'être imparfaitement, parce qu'il est rare que l'on dispose de récipients de tailles disproportionnées dans un ménage moyen ; c'est pourquoi je vous recommande d'opérer en plusieurs fois; rien ne serait plus désagréable que des feuilles contenant encore des traces terreuses et grinçant sous la dent. Lavez donc soigneusement toutes vos feuilles, ne les brassez pas dans l'eau en touchant le fond de la bassine lorsqu'elles sont déjà sommairement lavées; car le sable tombé au fond se mettrait de nouveau à flotter dans le liquide, se collant aux feuilles, et tout serait alors à recommencer. Lavez-les plutôt par grandes poignées, égouttez-les sur une passoire en les pressant légèrement. Répétez ce lavage autant de fois que vous le jugerez nécessaire, c'est-à-dire jusqu'à ce que vous ne remarquiez plus aucune parcelle de terre. Renouvelez non seulement l'eau chaque fois, mais lavez le récipient et faites-en disparaître la terre qui semble s'attacher aux parois. Égouttez-la définitivement sur un tamis placé au-dessus d'un récipient qui retient l'eau s'écoulant de l'Oseille.

FIG. 59. — EFFILEZ LES FEUILLES D'OSEILLE.

Tenez bien en main le pédoncule de la feuille, repliez avec la droite les deux lobes et placez les deux premiers doigts à la naissance de ceux-ci, tandis que les trois derniers la soutiennent à son extrémité.

FIG. 60. — COMMENT OBTENIR LE LIMBE SEUL.

Afin de supprimer la côte, tirez le limbe d'une seule fois vivement, de manière qu'il se fronce grossièrement dans la main, laissant cette côte à nu et intacte.

FIG. 61, 62, 63. — LAVEZ ET PRESSEZ L'OSEILLE AVANT DE LA CUIRE.

Renouvelez plusieurs fois l'eau de lavage afin que l'Oseille soit absolument nette; pressez les feuilles entre les deux mains pour extraire le plus d'eau possible et mettez les feuilles dans une jatte.

V. — TROIS MANIÈRES DE CONSERVER L'OSEILLE.

Oseille au naturel, Oseille demi-cuite, Oseille à la paysanne sont également appréciées. La première des trois préparations annoncées convient aussi bien pour préparer les potages que pour confectionner les plats, tandis que les deux autres sont plutôt spéciales à l'Oseille réservée aux potages.

L'Oseille au naturel est la préparation la plus parfaite qu'il soit, parce qu'elle garde son goût franc sans altération. Il suffit de faire cuire l'Oseille préalablement — sans addition aucune, son eau de végétation seule suffit à l'alimenter — de la faire « fondre », pour qu'elle forme une pâte épaisse, puis de stériliser en bocaux, ainsi que vous opérez pour toutes les Conserves de légumes.

L'Oseille demi-cuite est simplement fondue, ce qui ne diminue en rien sa saveur. L'eau de végétation doit être complètement tarie avant de la mettre en pots recouverts de saindoux ou de beurre. Celle-ci n'est donc pas soumise à la stérilisation.

Dans la recette paysanne, les feuilles sont essuyées, effilées et mises à cuire avec du beurre très frais et du sel comme assaisonnement. Lorsque l'Oseille est cuite, il suffit de la mettre en pots et de la recouvrir de beurre fondu. Aucune cuisson nouvelle n'est nécessaire.

VI. — FLACONS ET POTS EN GRÈS.

Pour conserver l'Oseille, les flacons en verre constituent des récipients parfaits, parce que l'acide contenu dans le légume n'a aucune action sur cette matière, tandis que les pots à intérieur vernissé et les boîtes en fer surtout ne sont pas recommandables.

Je vous conseille les flacons d'un demi-litre, cette contenance étant suffisante pour six à sept personnes et formant un plat copieux. Vous avez ainsi l'immense avantage de consommer en une seule fois cette provision, qui s'altère et moisit après trois ou quatre jours si vous ne prenez soin de la boucher et de la chauffer à nouveau.

Quant aux pots en grès, si vous préférez les utiliser, il est nécessaire que l'intérieur soit entièrement vernissé et que leurs dimensions soient restreintes. Avant de les employer, ébouillantez-les plusieurs fois pour enlever toute odeur et essuyez-les. Laissez ensuite refroidir avant d'introduire l'Oseille réduite en purée.

Vous devez également pourvoir à leur fermeture le mieux possible, des linges propres recouverts d'une vessie de porc ou d'un parchemin constituent des fermetures relativement sûres.

VII. — OSEILLE AU NATUREL.

Une cuisson parfaite est indispensable. Mettez sur le foyer une bassine, une casserole, un fait-tout, n'importe quel récipient pourvu qu'il soit grand. Faites fondre dedans à feu doux, environ un quart de beurre fin ; quand celui-ci est blond, jetez quelques poignées d'Oseille après les avoir pressées très fortement entre les mains pour extraire le plus d'eau possible.

Tournez avec la spatule en bois et sautez-les de manière qu'elles se réduisent en purée. Ce « fond » est nécessaire ; il empêche que les feuilles s'attachent et par conséquent que la pâte brûle. Ajoutez à cela une bonne provision, environ les deux tiers du récipient où elles cuisent ; tassez-la avec la spatule et surveillez la fonte.

Ne quittez pas l'Oseille avant qu'elle ne soit complètement fondue ; mêlez-la souvent, vous activez sa transformation. Peu à peu, au cours de sa réduction, introduisez à nouveau les autres fractions, et ce n'est que lorsqu'elle forme une pâte épaisse que vous pouvez la délaisser, sans jamais l'abandonner néanmoins. Après un quart d'heure environ, la cuisson donne une pâte épaisse et lourde à l'œil, où des feuilles se reconnaissent encore ; laissez-la cuire pendant vingt-cinq minutes et ne mêlez plus aussi souvent. Assurez-vous seulement chaque dix minutes que le mélange ne prend pas au fond du récipient.

Au fur et à mesure que la cuisson s'avance, l'Oseille devient plus liquide et forme une masse très homogène sans lourdeur apparente : c'est le moment de la mettre en pots.

Toutefois, si vous voulez confectionner des Conserves fines et mousseuses pour constituer des plats plus soignés après la cuisson, passez l'Oseille au tamis avant de la mettre en pots. Emplissez les bocaux à la louche, ne salez pas ; la Conserve est plus exquise ainsi.

Posez caoutchouc et couvercle ; procédez à la stérilisation des bocaux dans un bouilleur et laissez cuire *les flacons d'un litre (Bouchages hermétiques) pendant une heure, les demi-litres quarante minutes seulement; ne les laissez pas refroidir dans le bain.*

Pour les flacons à bouchage pneumatique désoxygénez jusqu'à 90 degrés, pincez les tétons, ébullitionnez quinze minutes et laissez-les refroidir dans le bain.

VIII. — OSEILLE DEMI-CUITE.

Celle-ci diffère de la précédente en ce sens que l'Oseille n'est pas cuite, mais simplement « fondue », ce qui ne diminue en rien sa saveur.

Épluchez l'Oseille ainsi que je vous l'ai indiqué, lavez-la à grande eau plusieurs fois et égouttez-la sur un tamis. Menez la cuisson dans un grand récipient à feu doux. Aussitôt que l'Oseille est « fondue » et que ses feuilles sont réduites, versez-la sur un tamis et laissez passer le jus acide que vous jetez, il est inutilisable. Votre provision égouttée, passez-la au tamis ou à la passoire fine, en vous servant d'un pilon de bois pour presser.

Cette purée obtenue, mettez-la dans un grand sautoir et chauffez-la fortement afin d'évaporer tout le liquide resté parmi la masse. Ne quittez pas un instant l'Oseille, remuez-la toujours, au contraire, avec une spatule de bois jusqu'à ce qu'elle soit devenue très épaisse.

Versez-la dans de petits pots, l'Oseille se conservant mieux dans des récipients de petites dimensions que dans de trop grands ; laissez refroidir pendant vingt-quatre heures, puis étendez une épaisseur de 3 centimètres environ de beurre, de saindoux ou d'huile (celle-ci semble préférable aux premiers ingrédients). Bouchez les pots avec un linge fin et gardez cette provision dans un endroit frais mais sec.

IX. — OSEILLE PAYSANNE.

Cette autre manière est peu connue à la ville ; mais c'est une des recettes de campagne les plus réputées et sans doute le mieux à la portée de tous ; on l'emploie surtout pour les potages, et elle rivalise avec l'Oseille fraîche.

Ne lavez pas les feuilles lors de la cueillette, choisissez-les bien propres et nettes, essuyez-les très minutieusement à l'endroit et à l'envers, puis effilez-les chacune séparément. Cependant, si vous ne pouvez ou ne voulez les soustraire au lavage, égouttez-les d'abord, ensuite épongez-les avec une serviette et pressez entre les mains avant la cuisson.

Pour un pot en grès contenant 2 litres, il faut environ trente gros bouquets d'Oseille. Faites fondre 250 grammes de beurre, quand il est fondu, ajoutez l'Oseille et remuez constamment. Après quinze minutes environ, qui correspondent à la moitié du temps nécessaire à une cuisson complète, ajoutez du sel, soit 250 grammes environ.

Quand vous remarquez qu'il ne remonte plus d'eau à la surface, l'Oseille est cuite à point. Mettez alors en pots et couvrez-la d'une couche de beurre fondu. Encapuchonnez le pot avec du papier très fort ou un linge, et portez votre provision dans un endroit sec et frais.

Je vous donnerai le conseil suivant, lorsque vous devrez utiliser les préparations contenues dans les pots en grès. Enlevez l'Oseille par couche avec une cuiller en bois plutôt que de creuser le centre ; ce vide béant étant une porte ouverte aux champignons et moisissures. Ayez soin, après chaque prélèvement, de la recouvrir d'huile ou de saindoux pour éviter qu'elle ne moisisse.

Voilà pour l'hiver, avec ces trois recettes les meilleures, la perspective de savourer des plats sains et exquis et d'excellents potages.

CHAPITRE XVII

LES PETITS POIS

I. Faites les Conserves dès le début de la production. || II. Quelles variétés préférer. || III. Quinze kilogrammes de Pois fins fournissent cinq bocaux d'un litre. || IV. Cueillez les cosses développées sans exagération. || V. La meilleure manière d'écosser les Pois. || VI. Faites trois choix : extra-fin, fin et moyen. || VII. Trois méthodes différentes de préparation. || VIII. Petits Pois fins a l'étuvée. || IX. Petits Pois au jus de laitue. || X. Petits Pois au naturel. || XI. Pois téléphone sucrés. || XII. 500 grammes de Pois savoureux pour 0 fr. 65 a 1 fr. 20.

Il n'est pas de légumes fins plus appréciés que les délicats Petits Pois que vous estimez tant en saison. Fraîchement cueillis, ils sont délicieux ; mis en Conserves, ils sont encore excellents.

Si quelques préparations du commerce vous fournissent des plats savoureux, il vous est possible d'obtenir le même résultat avec les récoltes du potager. Au début de l'été, préparez donc ces Conserves chez vous; elles sont d'un prix de revient moins élevé que celui que vous paierez pour les marques en renom.

Une boîte métallique d'un litre environ d'excellents Pois fins se paie couramment 2 francs à 2 fr. 50 selon les marques. Les flacons de Petits Pois de votre jardin ne vous reviendront pas à ce prix.

LES PETITS POIS

Juin vous donne ces cosses rebondies de grains gonflés de sève et de sucre ; profitez-en pour les convertir en Conserves. Une cuisinière quelque peu expérimentée réussira parfaitement, car leur préparation est facile. Elle ne comporte aucune manipulation de détail ennuyeuse, ou même ce petit « tour de main » qui fait hésiter souvent. Si vous voulez réussir, employez les Pois absolument frais et suivez nos conseils.

SUCCESSION DES OPÉRATIONS — : Pois fins a l'étuvée. — *Triez les Pois au fur et à mesure de l'écossage : extra-fins, fins, moyens. Lavez et cuisez-les avec un assaisonnement : Oignons, Laitue, beurre, sel, poivre blanc, sucre. Mettez en flacons, bouchez et stérilisez.*

Pois au jus de Laitue. — *Triez comme précédemment, lavez, blanchissez les Pois, Oignons, Laitue. Rafraîchissez, mettez en flacons, mouillez d'une saumure à 3 degrés. Bouchez, stérilisez.*

Pois au naturel. — *Préparez-les absolument de la même façon que les Pois au jus de Laitue, mais sans assaisonnement d'Oignons et de Laitue.*

I. — FAITES LES CONSERVES DÈS LE DÉBUT DE LA PRODUCTION.

La qualité de ce légume dépend surtout de sa fraîcheur. Plus qu'aucun autre, le Pois est extrêmement délicat, et, en peu de temps, il se fane, durcit et perd par conséquent sa finesse.

Quand vous achetez des Pois, choisissez-les d'un vert bien luisant, la cosse tendue et craquante, cassant sec quand on l'ouvre ; une cosse molle et jaunâtre indique le manque de fraîcheur ou des grains trop gros et durs à l'excès ; ne les prenez donc pas dans cet état.

Que vous réserviez spécialement une ou plusieurs planches de Pois pour la préparation des Conserves, ou que vous préleviez seulement les premières cueillettes sur les plantations destinées à la consommation à l'état frais, la manière de procéder est la même.

II. — QUELLES VARIÉTÉS PRÉFÉRER.

Vous pouvez mettre en Conserves toutes les variétés de Pois du potager. Parmi elles, ce sont surtout les sortes à grains ronds, hâtifs et de demi-saison — parce que fins et à grand rendement — qui sont préférées. Les variétés : Prince Albert, Michaux de Hollande, Caractacus, Express, Merveille d'Étampes, Serpette, de Clamart, sont recommandables parce qu'elles s'y prêtent tout particulièrement et j'obtiens toujours d'excellents résultats avec les Pois de Clamart.

Rappelons que le Pois Prince Albert est hâtif ; la qualité de son grain est très bonne et sa production assez abondante.

Le Pois Caractacus, presque aussi hâtif que le premier, peut le suppléer avantageusement, étant donné sa plus grande production.

Le Pois Michaux de Hollande est excellent et particulièrement recommandé pour les Conserves ; il est aussi très productif.

Le Pois de Clamart est des plus estimés, et avec raison ; les cosses sont bien pleines de grains à la fois très fins, très savoureux et un peu sucrés ; la production n'est pas aussi grande que pour la précédente variété.

Les autres variétés se classent au même titre que celles déjà citées. Au besoin, vous pouvez même utiliser les Pois nains très hâtifs : Serpette nain, Orgueil du marché,

FIG. 64. — ÉCOSSEZ ET TRIEZ LES POIS EN MÊME TEMPS.

Ayez deux récipients dans lesquels vous mettez au fur et à mesure les grains fins à part des grains moyens; cette manière de faire abrège beaucoup le temps de la préparation.

FIG. 65. — LÉGUMES ET INGRÉDIENTS POUR UN BOCAL DE PETITS POIS.

En plus des Pois, il faut cinq à six petits oignons, la moitié d'un cœur de laitue blonde, que vous détachez des grandes feuilles vertes extérieures; puis du beurre, poivre, sel, sucre à volonté.

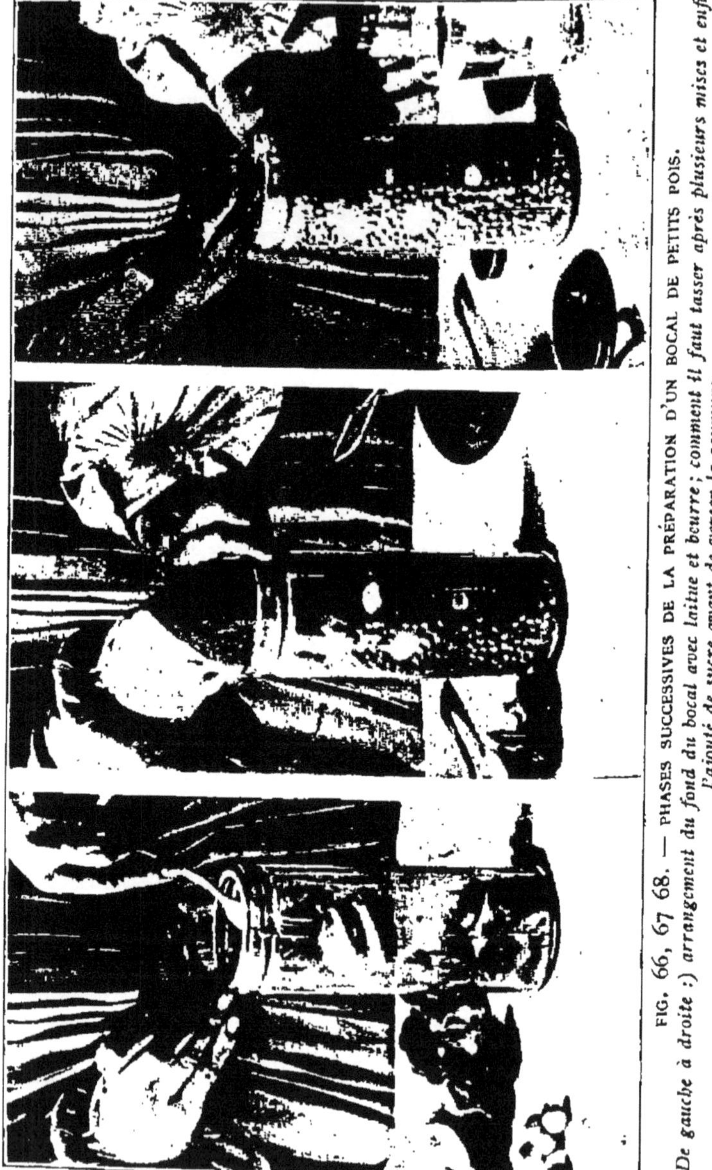

FIG. 66, 67 68. — PHASES SUCCESSIVES DE LA PRÉPARATION D'UN BOCAL DE PETITS POIS.
(De gauche à droite :) arrangement du fond du bocal avec laitue et beurre ; comment il faut tasser après plusieurs mises et enfin l'ajouté de sucre avant de verser la saumure.

Wilson, etc. ; mais je les apprécie moins à cause de leur production plus restreinte.

Toutes ces variétés vous fournissent, lorsque les gousses sont cueillies très tôt, le grain très fin — si fin et si tendre que parfois l'épiderme seul reste visible lorsque vous les servez — qui forme le Petit Pois rêvé, mais dont l'extrême finesse donne un rendement peu élevé.

Mais si, avec beaucoup de raison, vous n'avez pas le préjugé des seuls Pois très fins, essayez donc de faire quelques bocaux de grains plus gros, non des variétés ci-dessus, qui risqueraient d'être dures, mais des variétés à gros grains ridés, tels que les Pois Téléphone et ridé vert à rames ; je vous conseille de les acheter dès leur apparition sur les marchés ou de les prélever sur les premières cueillettes du jardin, parce que ces Pois très sucrés et très fins sont vite attaqués par les vers et qu'il est alors impossible de songer à les mettre en Conserves. Dans les premiers jours de Juillet, ils sont à point et en possession de toutes leurs qualités.

III. — QUINZE KILOGRAMMES DE POIS FINS FOURNISSENT CINQ BOCAUX D'UN LITRE.

Toutes les variétés de Pois ne donnent pas les mêmes proportions de grains. Il est tout indiqué que plus les Pois sont fins, moins le rendement est élevé. Il est donc difficile de chiffrer celui-ci, qui dépend également de la variété et de la façon dont les gousses sont remplies. A défaut de chiffres absolus, j'ai noté très soigneusement pour vous le rendement de différentes variétés et grosseurs de Pois.

1° Pois du Midi de la France (genre de la variété

Prince Albert) : 2 kilogrammes de gousses ont donné : 210 grammes de grains extra-fins ; 250 grammes de grains fins et 200 grammes de grains moyens, soit 660 grammes ; environ le tiers du poids des cosses ;

2° Pois de Clamart (variété de Clamart) cueillis très tôt : 15 kilogrammes de gousses ont fourni seulement 3 750 grammes de grains extra-fins, soit un rendement du quart ;

3° Pois de la vallée de Montmorency (variété Express) : 25 kilogrammes de gousses ont rendu 2 580 grammes de grains extra-fins et 4 200 grammes de grains fins, soit 6 780 grammes, plus du quart du poids total.

Les grains extra-fins de la variété de Clamart ont été préparés au naturel (un bocal), au jus de Laitue (deux bocaux), à l'étuvée (deux bocaux).

Il faut compter environ sur la diminution d'un tiers du volume des Pois extra-fins au blanchiment. C'est ainsi que deux litres de Pois, mesurés avant le blanchiment, remplissent un bocal d'un litre, tassés, après cette opération.

L'addition d'Oignons, de feuilles de Laitue qui entrent pour environ 60 grammes dans un bocal d'un litre, ramène ces proportions à une diminution de volume d'environ deux cinquièmes. Le poids du contenu d'un bocal d'un litre de Pois extra-fins est d'environ 750 grammes ; celui de fins de 700 à 720 grammes, et celui de moyens de 670 à 690 grammes.

4° Le rendement des Pois Téléphone est plus élevé que celui des Petits Pois à grains ronds ; c'est ainsi que 7 kilogrammes fournissent environ cinq bocaux d'un litre.

Quant au temps à passer pour l'écossage des Pois, il varie aussi avec l'habileté et l'adresse de la personne qui fait ce travail ; mais il n'est pas exagéré de l'évaluer —

d'après nos remarques — à environ une demi-heure par kilogramme de gousses. Enfin la préparation : épluchage des Oignons, Laitues, blanchiment des Pois, mise en flacons, bouchage, placement dans le bouilleur, etc., nécessite au maximum une heure et demie pour sept bocaux d'un litre.

IV. — CUEILLEZ LES COSSES DÉVELOPPÉES SANS EXAGÉRATION.

Dès que les cosses se gonflent, surveillez le grossissement des Pois ; vous pouvez ainsi en effectuer la cueillette au moment propice. Lorsque les grains ont la grosseur d'un poids de 5 grammes, soit environ 4 à 5 millimètres de diamètre, cueillez-les.

Il est, en effet, important de récolter les Pois de grosseur assez égale ; gardez-vous de les choisir trop fins, lorsqu'ils commencent à se former ; le rendement en serait désastreux et même le résultat guère plus favorable ; car, après la cuisson, il ne resterait plus que l'enveloppe.

A l'état d'avancement indiqué plus haut, les grains sont assez fermes et remplis de chair tendre savoureuse, sans aucune tendance à être farineuse.

Lorsque vous ne pouvez cueillir à temps, ou que chaque cueillette doit être espacée en raison de la plantation restreinte, vous vous trouvez alors en possession de Pois de différentes grosseurs, qu'il vous faut trier au fur et à mesure que vous les écossez.

Comme vous voulez obtenir de délicates Conserves, cueillez les Pois dès le matin, alors que le soleil n'a pas desséché les cosses. Choisissez-les bien gonflées et luisantes, et laissez celles dont les grains sont incomplètement formés.

Ne cueillez pas non plus les Pois dont les cosses ne craquent plus ou commencent à jaunir, parce que, ordinairement, les grains qu'elles contiennent sont durs et farineux.

V. — LA MEILLEURE MANIÈRE D'ÉCOSSER LES POIS.

Préparez-les autant que possible le même jour que vous les cueillez, et écossez-les aussitôt, car le travail est long.

Il y a deux manières d'effectuer cette besogne ; la première est à préférer, parce que plus expéditive que la seconde, moins pratique.

Prenez la cosse entre les deux premiers doigts de la main gauche, ceux-ci très rapprochés de la rosette des folioles — le calice de l'ancienne fleur — placée près du pédoncule, la paume de cette main abritant la cosse. Avec les deux mêmes doigts de la droite, pincez la couture ligneuse qui ferme la cosse à sa partie inférieure, et renversez un peu la main sur la droite pour la forcer à céder. Si les Pois sont frais, la gousse craque aussitôt et casse comme le verre presque sur toute sa longueur. Raclez ensuite avec le pouce de cette même main les grains attachés et faites-les tomber dans le cornet que forme la paume droite.

La seconde manière est moins pratique, en ce sens qu'il faut parfois pincer deux fois la couture pour l'ouvrir. Maintenez la cosse de la main gauche comme précédemment; mais au lieu de l'ouvrir en bas, pincez-la au milieu. Les filaments étant plus coriaces à cet endroit, vous rencontrez plus de résistance pour séparer les deux enveloppes. Quelquefois vous devez recommencer pour y parvenir. Cette pratique fatigue aussi davantage l'extrémité des doigts, dont le service est très actif.

VI. — FAITES TROIS CHOIX : EXTRA-FIN, FIN, MOYEN.

Dans le but d'abréger votre travail, ne faites pas de Conserves de Pois mélangés, qui comporteraient à la fois des grains très fins, d'autres plus gros, dont la cuisson serait forcément inégale : *ne supprimez jamais cette sélection*, qui ne demande en somme que quelques minutes supplémentaires. Non plus n'écossez pas en bloc votre provision de Pois et surtout ne la triez pas seulement lorsque le travail est terminé ; ce triage est alors trop long, trop fatigant.

Chaque choix isolé donne une préparation exquise, tandis qu'un mélange où les Pois extra-fins, fins et moyens se trouvent confondus, a peu de qualité.

Pour les Pois cueillis au jardin, dont vous avez surveillé le développement, ne faites que deux choix : 1° les *Pois extra-fins ;* 2° les *Pois fins.* Au contraire, si vous les achetez, je vous conseille de faire trois choix : 1° les *Pois extra-fins ;* 2° les *Pois fins ;* 3° les *Pois moyens.*

Pratiquez, au fur et à mesure de l'écossage des Pois, un triage assez régulier, autant pour le bon aspect des Conserves que pour la perfection de leur préparation.

Ayez donc à la portée de votre main deux ou trois récipients où vous mettez au fur et à mesure chaque choix distinct.

Employez de préférence pour ces préparations des bocaux d'un litre ou des bouteilles de même contenance. Des récipients d'un demi-litre suffisent cependant pour les Pois destinés au seul accompagnement des plats. Subordonnez toujours la grandeur des flacons à vos exigences.

VII. — TROIS MÉTHODES DIFFÉRENTES DE PRÉPARATION.

Vous pouvez préparer les Pois de trois façons : à l'étuvée, au jus de Laitue, au naturel. Elles ne varient d'ailleurs entre elles que par quelques petits détails, alors que le résultat est nettement différent.

Les Petits Pois à l'étuvée sont cuits à point et absolument comme s'ils devaient être immédiatement servis. Ils sont ensuite mis en flacons et stérilisés.

Les Petits Pois au jus de Laitue sont d'abord blanchis, mis en flacons avant la cuisson avec un assaisonnement de : beurre, sel, poivre, sucre, Oignons, feuilles de Laitue, cuits et stérilisés. Je considère cette méthode comme la meilleure et la plus pratique. Les Pois Téléphone sont exquis conservés ainsi.

La préparation *au naturel* est conduite comme la précédente ; mais les légumes, après avoir été blanchis, sont mis en flacons sans autre assaisonnement que le sel, le poivre et un peu d'eau. Dans les trois cas, vous devez saler et poivrer les Pois comme si vous alliez les servir. Mais, tandis qu'une stérilisation d'une demi-heure est suffisante pour les bocaux des bouchages hermétiques de Pois à l'étuvée *déjà cuits*, la cuisson et la stérilisation des deux autres sortes doivent être menées pendant *une heure trois quarts pour les litres et une heure et demie pour les demi-litres, ne laissez pas refroidir dans le bain. Pour les bocaux à fermeture pneumatique, désoxygénez jusqu'à* 90 *degrés, pincez les tétons, ébullitionnez trente minutes et laissez refroidir dans le bain.*

VIII. — PETITS POIS FINS A L'ÉTUVÉE.

Dans une casserole en cuivre étamé, mettez 50 à

60 grammes de beurre par 500 grammes de Petits Pois. Choisissez un beurre très frais et d'excellente qualité, de préférence au beurre salé qui communiquerait un goût peu délicat à la préparation. Faites-le fondre, en tenant le feu très doux, sans qu'il devienne roux. Si un manque de surveillance lui avait fait prendre cette teinte, ne l'employez pas, remettez-en d'autre sur le feu.

Lavez préalablement les Pois, et, dès que le beurre est fondu, versez-les dessus. Ajoutez six à sept petits Oignons, un cœur de Laitue bien pommé, 10 grammes de sel, une pincée de poivre, et, même à volonté, un ou deux morceaux de sucre, mais sans avoir à escompter un résultat différent.

Veillez-les pendant cinq à six minutes en les faisant sauter lestement, afin qu'ils verdissent uniformément. Lorsqu'ils sont à point, couvrez la casserole aussi hermétiquement que possible et réglez le feu. N'ajoutez aucun liquide, car l'eau exprimée par les Oignons, les feuilles de Laitue suffit pour constituer la sauce. Ainsi les Pois ne sont pas lavés, ils gardent leur goût et s'imprègnent du parfum des Laitues et de la saveur un peu sucrée des Oignons.

Menez le feu modérément tant que dure la cuisson ; les Petits Pois doivent cuire ainsi sans eau « à l'étouffée », à la vapeur, ce qui fait dire souvent qu'ils « suent ».

Sautez-les trois ou quatre fois seulement pendant qu'ils cuisent, en faisant revenir au-dessus ceux qui sont en dessous ; mais ne remuez jamais avec une cuiller, vous risqueriez de mettre vos légumes en purée et de les faire s'attacher au fond de la casserole.

Dès que les Pois commencent à s'écraser sous la pression des doigts, enlevez-les du feu, versez-les dans des bouteilles, dans des flacons, bocaux, que, dans l'entre-temps, vous avez préalablement chauffés dans l'eau progressivement amenée au degré d'ébullition.

Ménagez toujours un vide de 1 centimètre et demi dans le haut du bocal ; glissez prestement caoutchouc, couvercle, ressort ; mettez dans le bouilleur et faites stériliser pendant une demi-heure environ.

IX. — PETITS POIS AU JUS DE LAITUE.

Choisissez d'abord de petits Oignons blancs de grosseur à peu près égale à ceux qui accompagnent les Cornichons au vinaigre ; épluchez-les, il en faut environ 5 à 6 par bocal d'un litre.

Ajoutez un beau cœur de Laitue, de préférence d'une variété à feuilles blondes.

Faites blanchir Pois et Oignons pendant cinq minutes ; rafraîchissez-les à l'eau froide courante, si cela vous est possible, ou renouvelez souvent l'eau dans laquelle ils refroidissent.

Pendant le rafraîchissage des Pois et des Oignons, préparez, c'est-à-dire lavez, blanchissez, rafraîchissez les cœurs de Laitue. Dès qu'ils sont complètement froids, remplissez les bocaux en introduisant d'abord quelques feuilles de Laitue, les plus grandes, qui empêchent les Pois de s'écraser sur le fond du bocal, quand vous les pressez avec les doigts ; ajoutez ensuite environ 50 grammes de beurre bien frais, que vous glissez dans le bocal avec les dents d'une fourchette. Répartissez ensuite les Pois, les Oignons et les feuilles de Laitue aussi régulièrement que possible. Aussitôt les premières couches de Pois introduites, et au fur et à mesure pour les autres, frappez doucement la partie inférieure du bocal sur une table recouverte de chiffons, et les Pois se placent d'eux-mêmes et se tassent. Lorsque les doigts repliés de la main peuvent atteindre les Pois, pressez-les davantage et régulièrement sur toute la surface et, autant que vous le pouvez, sans les écraser. Les Laitues et les Oignons perdent beaucoup de volume à la cuisson ; il importe que vous diminuiez le plus possible le vide qui se produit de ce fait.

Une fois le bocal plein, ajoutez le sel, environ 10 grammes, une pincée de poivre, un demi-verre d'eau dans lequel vous mettez d'abord fondre, à volonté, deux morceaux de sucre.

Un bocal d'un litre dont le contenu est tassé suivant nos indications comporte donc :

50 grammes de beurre, 750 de Pois extra-fins environ, un gros cœur de Laitue, 10 grammes de sel, une pincée de poivre, deux morceaux de sucre, un demi-verre d'eau.

Le bocal rempli, bouchez-le et faites-le stériliser, *une heure trois quarts pour les litres, une heure et demie pour les demi-litres (Bouchages hermétiques) ; ne les laissez pas refroidir dans le bain. Désoxygénez jusqu'à* 90 *degrés, pincez les tétons, ébullitionnez trente minutes, laissez refroidir dans le bain (Bouchage pneumatique).* Comme le blanchiment a déjà une action sur les Petits Pois que vous avez ensuite tassés, lorsque la stérilisation est faite, le vide supérieur s'est à peine augmenté de 3 centimètres.

C'est bien la meilleure préparation que je connaisse ; je vous la recommande tout particulièrement, les Pois conservés ainsi n'ont rien à envier aux Pois consommés à l'état frais.

X. — PETITS POIS AU NATUREL.

Faites blanchir les Pois, rafraîchissez-les et faites ensuite le plein des bocaux, en tassant régulièrement de manière à en faire tenir le plus possible. Ajoutez un demi-verre d'eau, 10 grammes de sel, une pincée de poivre. Bouchez et cuisez au bain-marie comme pour les Conserves au jus de Laitue.

Cette préparation est surtout recommandable pour les légumes destinés à être accommodés avec une sauce liaison, ou encore pour ceux qui doivent entrer dans la composition des garnitures et des jardinières.

XI. — POIS TÉLÉPHONE SUCRÉS.

Même préparation et cuisson que pour les *Pois au jus de Laitue*, il convient seulement de prolonger de trois minutes le temps du blanchiment, ce qui le porte à huit minutes; ces Pois contenant beaucoup plus d'eau que les premiers. Surveillez bien la désoxygénation et la stérilisation et donnez-lui plutôt quelques minutes supplémentaires de cuisson si le foyer n'est pas régulier.

XII. — 500 GRAMMES DE POIS SAVOUREUX FRAIS POUR 0 FR. 65 A 1 FR. 20.

Là encore, les chiffres que je vais vous donner ne sont pas absolus, car les prix des Pois et les dépenses sont très variables. Si vous récoltez les Pois dans votre jardin, ils ne vous reviennent pas à plus de 20 centimes le kilogramme de gousses. Au contraire, si vous les achetez, il n'est pas exagéré de les compter à 35 centimes le kilogramme.

Si vous faites à la fois des Conserves de grains fins et de grains extra-fins avec la variété Express par exemple, basez-vous sur un rendement de sept bocaux d'un litre pour 20 kilogrammes de gousses. Soit :

20 kg. de Pois à 0 fr. 35	7 francs.
Beurre, Oignons, etc.	2 —
Temps passé et cuisson	3 —
Amortissement des bocaux.	0 fr. 70
Total.	12 fr. 70

soit environ 1 fr. 80 par bocal de 750 *grammes* net d'un litre de Pois délicieux, qu'il vous faudrait, à qualité égale, payer 2 francs à 2 fr. 50, selon les marques, la boîte de 500 *grammes* brut, soit plus d'un tiers de bonification sur les prix auxquels vous les achèteriez. Cela vous laisse une marge suffisante, même si vous payez les Pois plus cher.

Par contre, si, comme beaucoup de personnes le considèrent, vous ne tenez compte que des frais de culture des Pois de votre jardin et que vous ne chiffriez pas votre temps, le prix de revient peut s'établir ainsi qu'il suit :

20 kg. à 0 fr. 20.	4 francs.
Beurre, Sucre, Oignons	1 fr. 50
Amortissement des bocaux	0 fr. 70
Total	6 fr. 20

soit légèrement moins de 1 franc par bocal de 750 grammes net de Petits Pois.

Ces résultats sont engageants, d'autant plus qu'ils vous fournissent, pour la mauvaise saison, des plats exquis d'un des meilleurs légumes. Sans doute, ils ne sont pas obtenus sans peines ; mais la maîtresse de maison soucieuse de son rôle et du renom de sa table les oublie vite pour songer au bien-être et à la satisfaction qu'elle crée autour d'elle.

CHAPITRE XVIII

LES SALSIFIS

I. Préférez les racines de moyenne grosseur. || II. Comment enlever rapidement la pelure. || III. Pour assurer la cuisson.

Cette longue racine noire, appelée aussi Scorsonère, se garde avec la même facilité que les autres légumes. Employez-la très fraîche, car, si elle a seulement quelques jours de cueillette, elle est filandreuse, desséchée, et l'épluchage en est très difficile.

SUCCESSION DES OPÉRATIONS : — Lavez les racines pour les débarrasser de la terre, égouttez-les, grattez leur épiderme et sectionnez la partie foliacée de chacune. Au fur et à mesure, glissez les Salsifis dans un bain acidulé. Aussitôt la provision épluchée, lavez à nouveau, blanchissez dans un bouillon farineux, rafraîchissez, mettez en bocaux, bouchez et stérilisez.

I. — PRÉFÉREZ LES RACINES DE MOYENNE GROSSEUR.

Arrachez les racines de Salsifis au jardin en Novembre de préférence; faites choix de racines de moyenne grosseur que vous conservez entières et qui sont toujours les plus savoureuses.

Les racines les plus volumineuses demandent à être

fendues en deux, ce qui est moins présentable ; parfois aussi elles sont très coriaces et jaunes. Pour ces deux raisons, je ne vous les conseille pas ; de même les petites à peine grosses comme des brindilles ne sont nullement avantageuses, parce qu'elles demandent le même temps pour un résultat discutable.

Vous vous trouverez bien de préparer, avant l'épluchage des Salsifis, le bain acidulé (Volume. I, Chapitre VI, paragraphe 6) dans lequel ceux-ci doivent attendre le blanchiment. Cette eau acidulée a pour but de conserver aux légumes leur blancheur, car les Salsifis jaunissent aussitôt qu'ils sont privés de leur écorce, l'air produisant son action sur la pulpe. Garder leur blancheur laiteuse doit être, en effet, votre principal objectif ; c'est ainsi que l'eau du blanchiment doit constituer une sorte de bouillon blanchissant composé de trois cuillerées de farine pour un litre d'eau. Amalgamez-la préalablement à l'eau froide et délayez-la peu à peu pour éviter les grumeaux. Ce bouillon a l'inconvénient d'écumer abondamment, et s'échappe du récipient quand la surveillance n'est pas active ; il suffit donc, au moment du blanchiment, d'enlever le couvercle dès que l'ébullition est commencée ; ainsi la cuisson n'est en rien entravée et le liquide ne se répand pas dès que le feu est réglé.

Nettoyez les Salsifis avant leur épluchage ; lavez et brossez chacun d'eux pour enlever la terre, et laissez-les égoutter en dressant les racines au lieu de les coucher ; de cette façon, l'eau s'écoule plus rapidement et souille moins la table où s'opèrent les manutentions.

Dès que les Salsifis ne sont plus que simplement humides, il convient de les gratter pour enlever l'écorce rugueuse dont ils sont enveloppés. Opérez ainsi, vous simplifierez largement ce travail qui est un peu long et devient interminable s'il est mal exécuté.

II. — COMMENT ENLEVER RAPIDEMENT LA PELURE.

Maintenez les Salsifis dans la main gauche, un peu plus bas que le point de naissance de la partie foliacée ; posez l'extrémité de la racine sur la table et commencez. Prenez un couteau de cuisine à lame très mince ; passez-la sur la peau de manière à la racler sur toute sa longueur. N'appuyez pas trop sur la racine en grattant, car elle se casserait au milieu. Le couteau doit simplement faire office de râpe, et ce qu'il enlève dans le trajet qu'il fait doit tomber seul à l'extrémité.

Tournez la racine jusqu'à ce qu'elle soit absolument nette, mais il est inutile de déplacer la main et la racine. Quand la chair apparaît blanche et laiteuse, faites faire volte-face au Salsifis, et nettoyez la partie supérieure qui n'a pu l'être parfaitement; coupez le feuillage et donnez à chacun la hauteur voulue en l'adaptant à celle des bocaux et plongez-les dans l'eau acidulée.

III. — POUR ASSURER LA CUISSON.

Avant d'avoir terminé complètement l'épluchage, mettez sur le foyer l'eau du blanchiment. En attendant qu'elle soit arrivée à ébullition, lavez et rincez les Salsifis, puis jetez-les dans l'eau bouillante salée à point et à laquelle vous ajoutez la farine dissoute pour conserver aux Salsifis leur blancheur primitive.

Faites blanchir pendant dix minutes environ, rafraîchissez à l'eau froide courante, égouttez. Pour la mise en flacons, procédez de la même manière que pour les

Céleris et les Asperges (Chapitres VII et III) ; mouillez avec la saumure chaude à 3 degrés et bouchez. *Pour les flacons du Bouchage pneumatique, désoxygénez à 90 degrés, pincez les tétons et ébullitionnez pendant trente minutes, laissez refroidir dans le bain. Pour les flacons à bouchages hermétiques, ébullitionnez une heure et demie pour les flacons d'un litre, une heure un quart pour les demi-litres ; mais ne les laissez pas refroidir dans le bain.*

En appliquant ces conseils, vous augmenterez le nombre et la variété de vos provisions de légumes de Conserves, que les mauvais jours épuisent très vite.

CHAPITRE XIX

LES TOMATES ENTIÈRES

I. D'OU PROVIENNENT LES ÉCHECS ET COMMENT LES ÉVITER. || II. LÉGUMES SAINS DE TAILLE MOYENNE ET MURS A POINT. || III. ESSUYEZ OU LAVEZ LES TOMATES. || IV. PIQUEZ LES TOMATES POUR QU'ELLES N'ÉCLATENT PAS. || V. MISE EN FLACONS ET CUISSON.

Appréciée pour sa saveur, la Tomate fait l'objet de quantité de préparations — sur ce point, aucun légume ne peut lui être comparé — auxquelles elle se soumet docilement, gardant même ses propriétés naturelles. N'a-t-elle pas aussi ses partisans, réduite en confitures ?

Parmi ces Conserves, je citerai les préparations au sel, dans le vinaigre, au naturel, en purée pour les sauces, etc.; autant de préparations qu'une cuisinière un peu expérimentée peut réussir chez vous, Madame.

La préparation des Tomates entières est la seule expéditive parmi les Conserves de légumes. Sa confection demande, en effet, le minimum de temps pour un rendement précieux en hiver et des plus savoureux.

I. — D'OU PROVIENNENT LES ÉCHECS ET COMMENT LES ÉVITER.

Bien que les différentes manutentions de détail usitées pour les autres préparations soient supprimées, la réussite

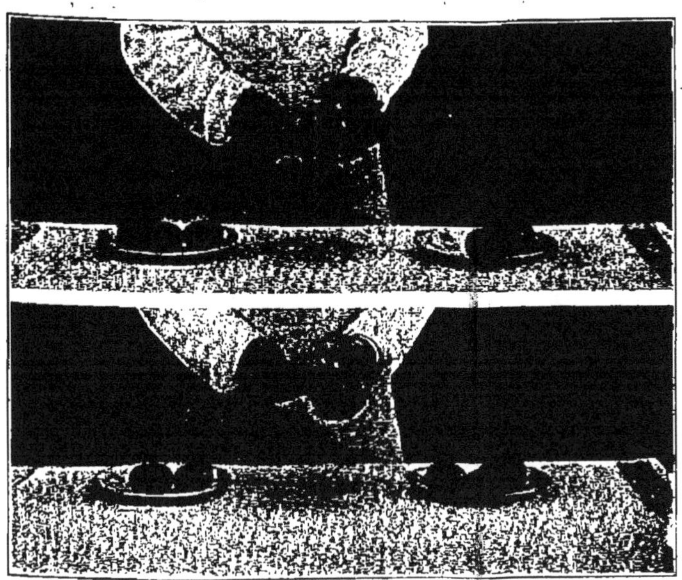

FIG. 69, 70. — BONNE ET MAUVAISE MANIÈRE DE PIQUER LES TOMATES.

Piquez chaque Tomate quatre ou cinq fois près du pédoncule avec une longue aiguille ; mais n'employez pas le bouchon armé de quatre ou cinq points car les perforations sont alors trop rapprochées.

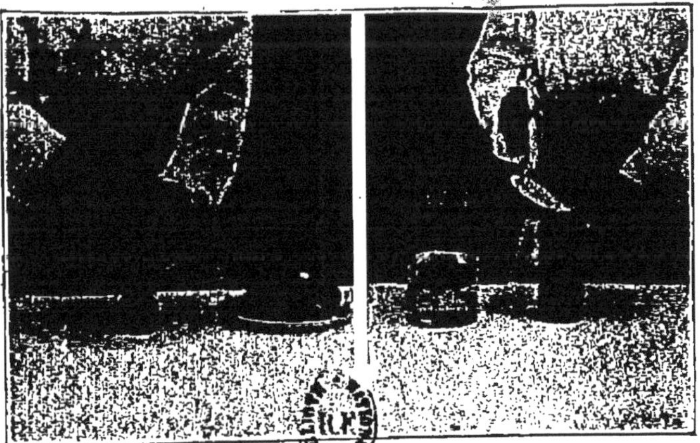

FIG. 71, 72. — MISE EN FLACONS DES TOMATES.

Disposez les Tomates les unes au-dessus des autres et aidez-vous de la spatule pour échafauder la pile, versez la saumure et bouchez le flacon.

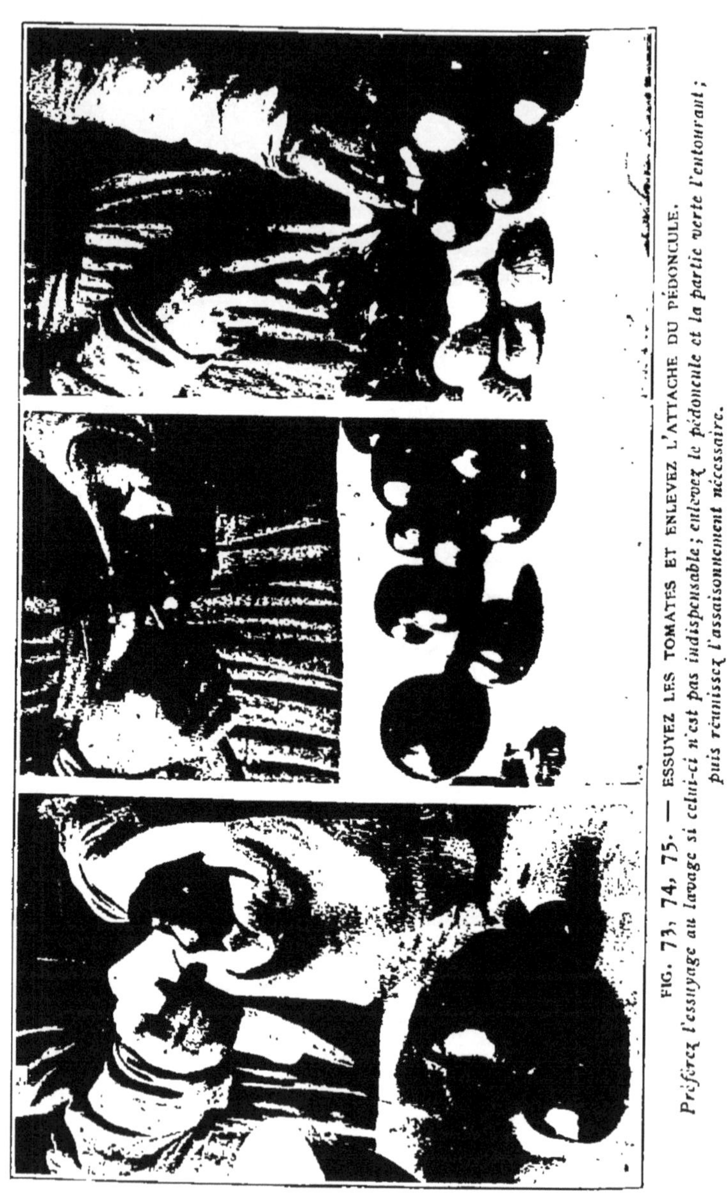

FIG. 73, 74, 75. — ESSUYEZ LES TOMATES ET ENLEVEZ L'ATTACHE DU PÉDONCULE.
Préférez l'essuyage au lavage si celui-ci n'est pas indispensable; enlevez le pédoncule et la partie verte l'entourant; puis réunissez l'assaisonnement nécessaire.

de cette Conserve n'est pas toujours assurée. Ce n'est pourtant pas qu'elle soit hérissée de difficultés et comporte quelque « tour de main » spécial, rien de pareil n'existe ; mais le plus important, l'essentiel, réside uniquement dans le maintien des formes de chacune des Tomates ; celles-ci doivent rester intactes, sans crevasse, ni lésion d'aucune sorte.

Rien n'est plus facile que de satisfaire cette exigence ; il suffit simplement de savoir que trois conditions peuvent combattre l'insuccès :

1° Un choix sévère des légumes ;

2° La perforation de l'épiderme de ceux-ci pour éviter l'éclatement ;

3° L'emploi d'un système de bouchage permettant une cuisson de courte durée, tout en assurant une parfaite stérilisation.

C'est ainsi qu'il nous faut chercher ailleurs que dans une « prétendue préparation défectueuse » les causes d'insuccès que maintes personnes ont souvent eu à déplorer avec les Conserves de Tomates entières.

Parfois, vous avez bien omis de piquer les légumes avant que de les placer en flacons : c'est une malfaçon dangereuse ; mais le plus souvent l'échec vient entièrement du système de bouchage, il faut le reconnaître. L'observation suivante est spéciale aux préparations ménagères, et toute personne s'occupant un peu de Conserves sait et connaît le nombre de bouchages du commerce mis à sa disposition. La plupart, pour être fermés hermétiquement, demandent une station prolongée dans l'eau, ce qui ne convient pas indistinctement à tous les légumes ; les plus fragiles — les Tomates sont de ceux-là, donc insuccès — vont s'aplatir et s'écraser sous le couvercle pendant l'ébullition. Le même inconvénient ne se rencontre pas dans les préparations industrielles, parce que celles-ci ont été soumises aux températures les plus élevées dans des autoclaves où elles ne séjournent que pendant peu de temps, et ces températures, aucun des bouilleurs ne peut les donner. Le choix du système de bouchage est donc un des facteurs influant le plus dans la réussite de cette préparation, et la perforation des Tomates le complète admirablement. Le bouchage pneumatique (Volume I de cet ouvrage, Chapitre IV) permet aux légumes de rester peu de temps dans l'eau de cuisson, tout en assurant une stérilisation parfaite.

SUCCESSION DES OPÉRATIONS : Prenez des Tomates moyennes ; essuyez-les minutieusement ou lavez-les si elles sont trop souillées ; piquez-les ensuite près du pédoncule quatre ou cinq fois, avec une longue aiguille. Mettez en flacons ; mouillez de saumure. Bouchez, stérilisez.

II. — LÉGUMES SAINS DE TAILLE MOYENNE ET MURS A POINT.

Cueillez au jardin, par un temps sec et chaud, ou faites cueillir les Tomates mûres à point, uniformément rouges, pas trop mûres cependant, car l'épiderme devient tellement mince qu'il éclate sous la moindre pression. La maturité idéale est celle produite sous une température uniformément chaude ; chaque fois que vous pouvez obtenir des légumes mûris dans ces conditions, je vous les recommande tout particulièrement, vos provisions ne pouvant qu'y gagner.

Choisissez, préférablement à toutes les autres, les Tomates pesantes, rondes, non côtelées — parce que celles-ci sont d'un nettoyage plus minutieux d'abord et qu'ensuite leur chair moins savoureuse est moins abondante que dans les formes rondes — d'une fraîcheur absolue, ne portant aucune piqûre d'insectes, aucune pointe de maladie, ni coups de grêle. Mieux vaut cueillir les Tomates sans pédoncule, vous évitez ainsi les risques de détérioration qui peuvent se produire dans le panier au fur et à mesure de leur placement ; de plus, c'est une manutention évitée. Dans ces conditions, la cueillette demande quelque attention ; il faut agir de telle façon que la plus petite parcelle de chair ou de peau ne vienne avec le pédoncule.

Pour obtenir les Tomates intactes, opérez ainsi : soutenez la base du légume dans l'extrémité creuse que forment les doigts de la main réunis en cueille-fruit. Employez la gauche restée libre à maintenir le pédoncule courbé par le poids du légume : pincez-le à l'endroit où il s'attache à la chair ; tournez la main gauche et renversez-la un peu pendant que la droite exécute le mouvement contraire et se renverse sur vous, brisant ainsi les ligaments d'une seule torsion. Placez alors les légumes dans le panier à provisions, que vous avez préalablement tapissé de feuilles vertes et fraîches, évitant ainsi les heurts et les chocs si funestes à l'épiderme délicat des Tomates.

III. — ESSUYEZ OU LAVEZ LES TOMATES.

Quand celles-ci n'ont pas été sulfatées et sont mûries au faîte des pieds en quelques jours, leur épiderme est resté intact et sain. Il suffit d'un essuyage minutieux pour faire disparaître les souillures. Au contraire, quand elles ne sont pas nettes, plongez-les pendant plusieurs minutes dans de l'eau douce et essuyez-les ensuite jusqu'à ce que les taches ou les macules aient disparu.

Dans les deux cas, employez une serviette très douce et souple pour ne pas déchirer l'épiderme en le frottant. Si, au cours de ce nettoyage, des légumes vous semblent porter quelque tare qui aient échappé au cours de la cueillette, supprimez-les sans hésitation.

IV. — PIQUEZ LES TOMATES POUR QU'ELLES N'ÉCLATENT PAS.

Une précaution efficace contre l'éclatement des légumes est la piqûre faite autour du pédoncule. En effet, sous l'action de l'eau, le légume se gonfle, la peau se tend, prête à éclater; l'eau de végétation ne pouvant s'échapper au dehors fait pression sur la peau peu résistante, qui se fendille. C'est assez dire que tous les légumes doivent être piqués avant le placement en bocal, si vous ne voulez pas courir le risque de les voir craquelés et fendus; quatre ou cinq piqûres sont nécessaires.

Effectuez-les aux environs immédiats du pédoncule; pour cela, prenez une aiguille longue et fine, afin que les perforations n'entament pas une grande surface. Espacez-les de 1 cm. 5 les unes des autres.

Cependant ne tombez pas dans l'excès contraire, ne multipliez pas les piqûres — car point trop n'en faut — et le bouchon armé de pointes d'aiguilles, si expéditif soit-il, n'est pas à recommander. Ces pointes réunies dans un trop petit espace font un centre de perforation trop dangereux pour l'épiderme ; de plus, la piqûre ne se fait pas là où l'on veut qu'elle soit faite ; il est plus difficile de la diriger qu'avec une simple aiguille ; celle-ci, que vous enfoncez de 2 centimètres environ dans la chair des Tomates, est bien préférable.

Suivant l'emploi que vous voulez faire de cette préparation, prenez de petits ou de grands bocaux pour la contenir : litre, demi-litre, quart de litre.

V — MISE EN FLACONS ET CUISSON.

Les légumes ronds étant d'un placement assez difficile, surtout quand on tient à une présentation soignée, introduisez-les un à un en les faisant glisser le long de la paroi du bocal, ce que vous obtenez facilement en penchant quelque peu celui-ci. Dressez-les en pile si vous prenez des légumes moyens et mettez-les en équilibre à l'aide de la spatule en bois. Au contraire, s'ils sont petits, placez-les de côté « sur champ » et mettez en deux par couche. Réclamez encore le secours de la spatule — instrument ne blessant jamais aucun épiderme — pour retenir les Tomates à la place assignée. Montez les couches sans les presser et mouillez les bocaux avec la saumure chaude.

Avant la mise en flacons, préparez celle-ci : c'est du temps de gagné, et ainsi le sel est complètement fondu au moment de l'employer. C'est une saumure légère à 3 degrés ; recouvrez-en les légumes, *bouchez, désoxygénez vingt minutes jusqu'à 70 degrés seulement. Pincez les tétons, ébullitionnez le même temps et laissez refroidir dans le bain.*

Le bouchage pneumatique vous donnera des bocaux parfaits, étant donné le temps minimum de stérilisation qu'il demande. Ainsi, la cuisson prolongée évitée, vous obtenez des légumes intacts pouvant se farcir et accompagner toutes viandes braisées ou rôties, et les œufs.

CHAPITRE XX

LA SAUCE TOMATE

I. Conservez les Tomates d'aout a septembre. || II. Il faut des Tomates mûres a point. || III. Essuyez les Tomates et coupez-les en tranches. || IV. Proportionnez les condiments. || V. Cuisez les Tomates dans une grande bassine. || VI. Cuisez lentement et longuement. || VII. Pressez les Tomates pour en extraire la pulpe. || VIII. Bouchage hermétique avec ou sans ébullition. || IX. Bouchage hermétique sans ébullition. || X. Bouchage hermétique avec ébullition.

La facilité d'exécution de la sauce Tomate d'une part, son prix de revient modeste de l'autre — puisqu'un demi-litre s'établit à 35 centimes environ en achetant : Tomates, Ail, Persil et Oignons — en font une précieuse ressource qu'il faut avoir l'hiver à la campagne aussi bien qu'à la ville ; à la campagne surtout, où dans chaque jardin cette culture se répand de plus en plus.

Parfois les Tomates dressées en lignes, palissées sur des baguettes de bois, ploient sous la charge de leurs belles pommes rouges, et ce n'est pas la cuisine journalière d'une maison moyenne qui peut absorber cette lourde provision dans ces mois d'abondance. Une partie est donc souvent inutilisée, car on néglige généralement de récolter ce que la table n'exige pas. Puisque vous connaissez maintenant, de nom tout au moins, les préparations que vous pouvez réussir, employez l'excédent de la production : faites de la sauce Tomate.

Préparée ainsi que nous allons vous l'indiquer, elle égale, en qualité et en finesse, les marques de choix du commerce les meilleures et les plus réputées et devient le complément indispensable du bœuf qu'elle enserre joliment d'un turban rouge intense, des viandes de desserte, dont elle relève le goût un peu passé, accompagne aussi agréablement les œufs, et forme la base d'exquis potages.

SUCCESSION DES OPÉRATIONS. — Essuyez les Tomates, fractionnez-les en six ou huit morceaux en ayant soin de rejeter l'attache du pédoncule. Ajoutez aux fractions un assaisonnement composé d'Oignons, Ail, Persil, sel, poivre. Mêlez le tout et cuisez pendant trois quarts d'heure environ. Extrayez la chair des Tomates en pressant avec le pilon en bois, passez au tamis fin, mettez en bocaux, ébullitionnez ou non.

I. — CONSERVEZ LES TOMATES D'AOUT A SEPTEMBRE.

N'attendez pas la mauvaise saison pour conserver les Tomates; la fin d'Octobre avec ses brouillards n'est plus guère propice, car elles mûrissent alors imparfaitement, deviennent dures, restent vertes, pâles, criblées de petites taches noires qui les rendent amères ; elles sont en eau le plus souvent, et la chair des meilleures n'est pas aussi parfumée ni juteuse qu'en Août-Septembre lors des années de précoce chaleur, où le soleil qui les baigne journellement de ses chauds rayons est un des éléments du succès.

Cependant, quand la première quinzaine d'Octobre est chaude, vous pouvez prolonger la Conserve jusqu'à cette époque.

Si vous avez un jardin, il vous est facile de choisir

vous-même vos légumes ; petits ou gros, cela n'a aucune importance, vous pouvez vous montrer plus prodigue et cueillir indifféremment l'un ou l'autre.

Procédez à la cueillette par un temps sec et le matin après la disparition de la rosée.

II. — IL FAUT DES TOMATES MURES A POINT.

Choisissez préférablement les fruits qui ont mûri très vite, c'est-à-dire pendant une période de chaleur. Éliminez ceux qui sont piqués ou gâtés ; il les faut absolument indemnes de toute tare et uniformément rouges ; votre préparation y gagne en saveur, et le rendement est plus élevé. Les Tomates imparfaitement mûres donnent une purée acide, malgré la cuisson prolongée, moins colorée et moins épaisse.

Mûre à point, la Tomate est absolument rouge et pesante, c'est là le signe distinctif ; mais d'un rouge brillant et satiné. La place du pédoncule est elle-même colorée, l'épiderme tendu est gonflé tel un ballon, et les doigts, exerçant une pression sur elle, ont la sensation d'une chair ferme et juteuse.

Les Tomates passées, tournées en eau, ont l'aspect des Tomates bien mûres ; mais il suffit de poser les doigts sur l'épiderme pour reconnaître la méprise : la peau cède le plus souvent et l'on devine le liquide courant sous l'épiderme.

Si vous devez les acheter, rappelez-vous ces observations, et faites-en votre profit ; de plus, préférez les plus grosses Tomates aux petites, le déchet total chiffre moins, il devient même insignifiant quand les Tomates sont bien mûres. Notez aussi que les fruits ronds à peau lisse rendent plus de jus et de chair que ceux à côtes.

FIG. 76. — FRACTIONNEZ LES TOMATES.
Divisez les Tomates en morceaux, les oignons en tranches minces ; puis coupez le persil ; laissez l'ail en gousse et assaisonnez suivant votre goût, comme si vous deviez employer la sauce immédiatement.

FIG. 77. — EXTRAYEZ LA CHAIR DES TOMATES.
Aussitôt après la cuisson, versez dans une passoire en émail une petite quantité de pulpe, afin d'en extraire seulement la chair. Aidez-vous pour cela d'un pilon en bois pour la forcer à passer.

FIG. 78. — POUR RETENIR LES GRAINES.

Coulez peu à peu la Tomate sur un tamis pas très fin dont le fond repose sur une grande jatte. Le réseau du tamis retient les quelques pépins et les peaux.

FIG. 79. — MISE EN POTS AVANT LA CUISSON.

Mettez la sauce bien épurée dans des récipients d'un demi-litre; emplissez le verre à un centimètre des bords, bouchez et ébullitionnez une demi-heure.

III. — ESSUYEZ LES TOMATES ET COUPEZ-LES EN TRANCHES.

Essuyez chaque Tomate avec une serviette de cuisine afin d'enlever les taches et les impuretés qui peuvent souiller leur épiderme. Cette première manipulation terminée, nettoyez sévèrement chacune d'elles en supprimant tout ce qui peut vous paraître douteux. Enlevez avec un couteau pointu la place du pédoncule restée verte, le plus souvent coriace et sans jus. Dirigez le couteau comme si vous vouliez vider un fruit et tournez autour de l'attache afin d'enlever une petite partie de chair qui forme une sorte de pivot blanchâtre, dur, ne donnant aucun rendement.

Lors de ce nettoyage, ne prenez pas successivement les Tomates, mais terminez plutôt de suite celle que vous avez en mains, afin de ne pas compliquer votre travail. Coupez-la en tranches relativement minces, de l'épaisseur des quartiers des grosses oranges, afin qu'elles fondent rapidement et que la cuisson ne se prolonge pas trop. Six à huit morceaux sont suffisants. Au fur et à mesure que vous les fractionnez, mettez-les dans un récipient en faïence, où vous les prendrez plus tard quand vous devrez les mélanger avec les condiments qui les accompagnent habituellement.

IV. — PROPORTIONNEZ LES CONDIMENTS.

La Tomate cuite seule serait un peu fade et sans relief; les Oignons, l'Ail, le Persil, le poivre et le sel viennent lui donner leurs principes parfumés; mais il faut proportionner ces condiments et les répartir.

Voici de bonnes proportions :

Pour 25 kilogrammes de Tomates, ajoutez quatre bottes d'Oignons (les bottes du commerce correspondent à environ un demi-litre chacune) ; six grosses têtes d'Ail, un volumineux bouquet de persil (notez que pour un demi-kilogramme il en faut quatre ou cinq branches) ; une forte poignée de sel, du poivre ou non, suivant votre goût.

Préparez maintenant cet assaisonnement : épluchez les Oignons, séparez l'ail en gousses et enlevez l'écorce coriace ; visitez le persil en ne prenant de lui que les jolies feuilles bien vertes et fraîchement cueillies, afin qu'elles aient tout leur arome. Coupez chacun des bouquets que vous préparez, directement au-dessus des feuilles, de façon que le pédoncule tombe.

Lorsque toute cette provision est rassemblée, après avoir été lavée avec soin pour enlever à la fois la terre cachée dans les feuilles recroquevillées du persil et le parchemin soyeux qui reste bien souvent sur l'Oignon après l'épluchage, préparez-vous à diviser encore.

Coupez donc finement les Oignons en rondelles ; laissez les gousses d'Ail entières, et séparez en deux les branches de Persil pour qu'elles occupent moins de place.

Ne voyez dans le résultat que je vais vous signaler ici aucune idée préconçue pour tel ou tel ustensile ; mais j'ai remarqué que la sauce faite dans le cuivre était meilleure, plus colorée, je dirai même qu'elle se garde mieux.

V. — CUISEZ LES TOMATES DANS UNE GRANDE BASSINE.

Je préfère, à tout autre récipient, pour la cuisson des Tomates, la bassine en cuivre, la légendaire bassine à confitures. Le cuivre a des avantages sur les autres métaux ;

il conserve la couleur des légumes ou des fruits, et la masse s'attache moins facilement au fond ; le fer n'est pas recommandable. A défaut de ces deux ustensiles, utilisez un récipient en émail intact. Si des parcelles d'émail sont enlevées, je vous le déconseille absolument ; la sauce attacherait là où l'émail a disparu.

N'ajoutez pas d'eau pour cuire les Tomates ; leur chair en contient suffisamment et produit sans aucune autre addition une abondance de jus, surtout si les Tomates sont parfaitement mûres. Mais pour cela, et avant de mettre dans la bassine toutes les fractions de légumes mélangées, prenez la précaution suivante :

Pressez grossièrement entre les mains quelques fractions de Tomates très mûres, de façon à exprimer tout le jus qui s'écoule dans votre bassine placée au-dessous. Quand ce jus a recouvert complètement le fond, incorporez alors par couches successives et bien mélangées les fractions préparées.

Vous vous étonnerez peut-être de ce procédé ; mais, si cette précaution n'est pas prise, le poids des morceaux sans liquide pèse trop sur le fond de la bassine et s'attache, malgré l'attention que vous y apportez. Le Persil et les Tomates prennent, en effet, très vite et, quand cela se produit, le mélange a un goût détestable qui se développe encore en cuisant.

Vous pouvez être tentée, pour aller plus vite, de faire de grosses cuissons à la fois ; je ne vous le conseille pas, c'est une mauvaise économie, car vous perdez en surveillance le temps que vous voulez gagner. Par exemple, si vous avez à cuire 25 kilogrammes de Tomates, répartissez plutôt le poids de vos légumes par moitié et cuisez seulement 12 kg. 500 chaque fois.

VI. — CUISEZ LENTEMENT ET LONGUEMENT.

Remplissez donc la bassine jusqu'à 15 centimètres des bords au maximum ; posez-la sur un feu doux afin que l'ébullition se fasse normalement et plutôt lentement. Veillez à ce que tout le contenu s'échauffe doucement ; remuez avec l'écumoire autant qu'il vous plaira. C'est une sécurité que de s'assurer si rien ne s'attache. Au bout d'un quart d'heure, vingt minutes, accélérez le feu, mêlez avec l'écumoire, laissez ainsi pendant le même temps, puis arrivez vivement à l'ébullition.

A partir de ce moment, donnez une cuisson de trois quarts d'heure environ, si les Tomates sont bien mûres, à une heure, si elles le sont moins ; surveillez toujours et ne quittez pas la bassine. Ce temps est pris comme base pour la cuisson des 12 kg. 500 de Tomates. Si vous menez à grand feu, il y a une évaporation très grande, d'où perte dans le rendement, et le résultat est médiocre. Rappelez-vous que d'une cuisson faite à propos dépendent la consistance et le goût de la préparation.

Nécessairement, si vous employez de mauvais légumes, donnant un jus âcre, acide et ressemblant à l'eau, malgré la chair qui doit être ajoutée ensuite, votre sauce n'a guère de chances d'être excellente, même avec une cuisson parfaite. Usez donc, dans n'importe quel cas, d'une cuisson prolongée, mais menée adroitement, sans excès d'ébullition ni arrêt de chauffage, de façon qu'elle forme, une fois terminée, un coulis assez épais.

Pour cela, à plusieurs reprises, rendez-vous compte de l'état d'avancement de cuisson des fractions qui parsèment le jus. La cuisson des Oignons vous guide plus sûrement que toutes les indications détaillées que je pourrais vous donner. Quand ils sont cuits, arrêtez l'ébullition et tenez la bassine sur le côté du feu, de manière que le contenu reste chaud.

VII. — PRESSEZ LES TOMATES POUR EN EXTRAIRE LA PULPE.

Aussitôt les Tomates cuites à point, apprêtez-vous à en extraire la chair. Prenez une grande passoire; mettez au-dessous un récipient destiné à recueillir la chair et le jus de la portion que vous venez d'y introduire; et, avec un pilon en bois, pressez successivement les autres portions que vous y placez.

Exprimez petit à petit le jus et la chair; ne prenez pas de grosses quantités qui obstruent les orifices et empêchent celle-ci de tomber. Pressez fortement de façon à extraire le plus possible la chair qui s'attache encore par petits fragments à l'épiderme recroquevillé.

Dès que vous remarquez que les peaux roulées en minces filets commencent à pointer par les orifices, suspendez l'écrasement; c'est qu'il n'y a plus rien à obtenir. Jetez alors vos déchets et renouvelez cette manœuvre jusqu'à l'épuisement des Tomates. Avec une fourchette, râclez la chair qui s'attache au revers de la passoire.

Mais, comme il reste en suspens dans cette sauce une quantité de pépins, de feuilles de Persil, de pointes d'Ail, que quelques peaux sont même tombées, versez-la à nouveau, cette fois, sur un tamis fin qui arrête au passage toutes ces matières inutiles, isolant ainsi la chair qui est recherchée. Assaisonnez à votre goût, épicé ou non, comme si vous alliez la déguster sur-le-champ.

VIII. — BOUCHAGE HERMÉTIQUE AVEC OU SANS ÉBULLITION.

Mettez la sauce préférablement en bocaux d'un demi-litre, quand vous la destinez aux sauces, etc. Cette contenance suffit amplement pour six à huit personnes. Au contraire, si vous pensez en faire des potages, employez les bocaux d'un litre ; de cette façon, le contenu étant employé le même jour, la sauce est consommée avec toutes ses qualités.

J'ai remarqué qu'un pot ouvert dont on n'avait pas employé en entier le contenu, se conservait pendant quelques jours ; en hiver même, près de six jours.

Pour terminer la sauce, deux façons sont à votre disposition, la cuisson définitive, autrement dit l'ébullition au bain-marie, comme nous l'avons fait jusqu'à présent pour les Conserves ; ou bien la mise en flacons directe sans cuisson ni stérilisation au bain-marie. Ce procédé que j'ai expérimenté est parfait ; il doit être préféré par vous, Madame, puisqu'il abrège le temps et les manipulations.

IX. — BOUCHAGE HERMÉTIQUE SANS ÉBULLITION.

Quand votre sauce est complètement passée, posez les caoutchoucs sur vos bocaux, car il faut agir le plus rapidement possible pour que le bouchage soit hermétiquement assuré sans l'ébullition classique.

Posez les bocaux à remplir ainsi que les pleins sur une table en bois recouverte d'une toile, mais jamais sur du marbre ou du carrelage. En effet, la brusque transition du chaud sur le froid est susceptible de les faire éclater.

Évitez aussi les courants d'air, qui ont le même inconvénient.

Faites alors bouillir juste la contenance du bocal que vous voulez remplir dans un petit récipient de manutention facile, une casserole par exemple. En pleine ébullition, versez-le hardiment dans celui-ci; contrairement à la précaution prise dans la première méthode, observez que le vide des bocaux près du couvercle ne dépasse pas un demi-centimètre. Posez dextrement le couvercle, assujettissez-le vivement, placez le ressort plus rapidement encore, car la chaleur traverse vite la fermeture, et il devient impossible d'y tenir les doigts si vous hésitez quelques instants. Laissez ensuite refroidir jusqu'au lendemain. Tous vos bocaux seront soudés naturellement : à moins que vous n'ayez pas agi assez vivement lors du bouchage.

Pour plus de sécurité, vérifiez-les le lendemain ; tirez sur le couvercle et, s'il s'enlève, faites chauffer la sauce à nouveau et recommencez le bouchage.

Je suis persuadée que cette méthode m'est personnelle, et je n'ai pas connaissance qu'elle ait jamais été signalée. Dans mon désir d'avoir de la sauce très fruitée comme celle faite avec des Tomates fraîches, j'ai eu l'idée d'essayer la mise en flacons et le bouchage immédiat, sans faire suivre de l'ébullition classique qui est excellente, mais enlève parfois trop la saveur naturelle quand il y a excès de cuisson. J'ai procédé ainsi que je vous le dis ci-dessus. Cet essai m'a parfaitement réussi, et c'est ce qui m'engage à vous recommander cette façon de faire.

Les vingt-huit pots d'un demi-litre produits par 25 kilogrammes ont été fermés ainsi, et la sauce parfaite en tous points donnant l'illusion du naturel.

X. — BOUCHAGE HERMÉTIQUE AVEC ÉBULLITION.

Si vous préférez recourir à l'ébullition classique, versez la sauce dans les pots en laissant un vide de 2 à 3 centimètres ; car, si le bocal est plein, il s'en échappe lors de l'ébullition. Bouchez, placez le ressort et *ébullitionnez pendant trente minutes pour les flacons d'un demi-litre, quarante-cinq minutes pour les litres des bouchages hermétiques ; mais ne les laissez pas refroidir dans le bain.*

Vous obtenez de cette façon une sauce épaisse, bien colorée et de goût agréable.

Pour les bocaux à bouchage pneumatique, désoxygénez jusqu'à 90 degrés, pincez les tétons, ébullitionnez cinq minutes et laissez refroidir dans le bain.

Il n'est pas besoin d'avoir usé des préparations du commerce pour apprécier la valeur de celle-ci qui promet de savoureux potages et des sauces appétissantes.

CHAPITRE XXI

LÉGUMES VARIÉS

I. L'Aubergine. || II. Les Betteraves rouges. || III. Les Crosnes. || IV. Les Épinards. || V. Les Fèves. || VI. Les Navets. || VII. Les Poireaux.

I. — L'AUBERGINE.

Oeuf végétal, Morelle comestible, tels sont les synonymes français donnés à l'Aubergine, légume très prôné et grand favori dans les provinces méridionales.

Pour nous « gourmets » du Nord et du Centre, son goût est discutable ; mais il faut reconnaître que ces fruits bien préparés, cuits et accommodés de différentes manières, frits surtout, ont une valeur réelle.

L'Aubergine violette longue hâtive et l'Aubergine naine hâtive — cette dernière qu'il est préférable d'employer pour les Conserves en raison de sa taille plus réduite — sont parmi les meilleures à recommander pour les cultures du Nord de la France ; tandis que les Aubergines longues et rondes de Chine sont plutôt les plantes pour les régions méridionales.

Préparez-les ainsi : essuyez minutieusement chacune d'elles avec une serviette d'office douce pour ne pas écorcher l'épiderme velouté ; enlevez calice et pédoncule, puis conservez les Aubergines de la même façon que les Endives, Chap. XI.

II. — LES BETTERAVES ROUGES.

L'emploi des Betteraves rouges dans la cuisine courante est absolument nul, et ce n'est qu'à de rares exceptions qu'on les voit apparaître sur les tables. Pourtant, ne pas les comprendre dans la catégorie des légumes, c'est se priver d'une grande ressource l'hiver.

La Betterave est uniquement employée à la parure des salades; goutez-la préparée à la crème de la même façon que les Cèpes (Volume I, Chapitre XI), elles sont exquises.

Si vous voulez en prolonger la saison, préparez-en quelques bocaux ainsi que nous l'avons indiqué Volume I, Chap. XVIII. Cuisson à l'eau, épluchage, sectionnement en rondelles, blanchiment, rafraîchissage, égouttage. Terminez ensuite la préparation ainsi que celle des Céleris Raves fractionnés, Chap. VIII.

III. — LES CROSNES.

Le Stachys tubéreux plus connu sous le nom de Crosne du Japon est un légume nourrissant et très savoureux. Son parfum rappelle le fond d'Artichaut, aussi peut-il avantageusement être compris dans la liste des Conserves ménagères.

Si vous cultivez les Crosnes au jardin, c'est surtout vers Novembre-Décembre — lorsque les rhizomes ont atteint leur complet développement — qu'il faut les conserver; préférez également cette époque pour les approvisionnements que vous devez faire sur les marchés;

parce que les Crosnes sont en possession de toutes leurs qualités et que leur prix est accessible.

Voici quelques indications qui pourront vous être utiles au cours de la mise en Conserve de ces légumes.

Préférez les rhizomes de belle taille d'un blanc nacré à épiderme brillant ; les plus beaux à l'œil sont ordinairement les meilleurs. Les Crosnes se détériorent assez vivement dès qu'ils sont exposés à l'air et prennent la couleur grisâtre du sel marin ; à ce point d'avancement ils sont pâteux et mieux vaut ne pas les mettre en Conserves.

En raison de leur forme bizarre représentant une gousse charnue faite de petites agglomérations de pulpe qu'on dirait enfilées les unes au-dessus des autres, le nettoyage des Crosnes est des plus minutieux.

Laver les légumes à la main un à un ou les plonger dans l'eau et les laisser se débarrasser seuls de la terre et des matières étrangères logées dans les sillons est une fausse manœuvre et vous n'obtenez qu'un mauvais résultat en opérant ainsi. Ce qu'il faut aux Crosnes, c'est un nettoyage parfait, en même temps que rapidement exécuté. Pour cela, mettez les Crosnes tremper cinq minutes environ dans l'eau tiède avant de commencer leur toilette. Munissez-vous alors d'une brosse demi-dure, puis prenez chacun des petits rhizomes et brossez afin de dégager la terre. Épluchez en même temps ceux-ci, rafraîchissez avec les ongles la fine extrémité légèrement ligneuse qui casse sec comme le verre lorsque le légume est absolument frais. Au fur et à mesure du lavage et de l'épluchage simultanés réunissez les Crosnes dans un récipient profond et lorsque tous sont rassemblés donnez un second lavage rapide à l'eau froide. Blanchissez ensuite les Crosnes à l'eau bouillante pendant trois ou quatre minutes, rafraîchissez, et terminez la préparation sans autre assaisonnement qu'une saumure à 3 degrés comme les Petits Pois au naturel, Chap. XVII, § 10.

IV. — LES ÉPINARDS.

Faites la préparation des Épinards en Conserve de la même manière que celle de l'Oseille, Chapitre XVI. C'est un genre de Conserve qui ne s'impose guère, surtout que l'on peut cueillir des Epinards tout l'hiver en les abritant, et qu'en été, pendant les mois où « il monte vite », la Tétragone cornue et même l'Aurérine Amarante, ses deux succédanés, le remplacent. Sa préparation en Conserve intéresse cependant les personnes qui n'aiment pas les deux légumes ci-dessus.

Observez les mêmes recommandations quant à la fraîcheur et à la cuisson que vous devez invariablement effectuer dans des récipients en émail, en aluminium, en nickel ; mais n'utilisez jamais les ustensiles en cuivre, en raison des principes toxiques qu'ils font développer.

La mise en flacons sans saumure est certainement avec la première observation un des points les plus caractéristiques qu'il soit, mais il faut vous y conformer strictement ; à moins que vous préfériez courir le risque de consommer un produit moins savoureux. D'autant plus que l'ajouté de sel n'est rien et peut être fait seulement au moment de la consommation des Épinards. Quoi qu'il en soit, c'est une préparation que l'on ne peut que conseiller.

V. — LES FÈVES.

Cette plante cultivée surtout pour ses graines farineuses est très appréciée en vert et parmi ses variétés, la plus connue est la Fève de Marais à grains énormes et charnus.

La Conserve de ce légume est facile et sa production assez abondante en saison pour vous permettre de la pratiquer. Préparez-les absolument comme les Haricots de Soissons et les Flageolets verts, Chapitre XII, si vous voulez des légumes au naturel ; préparez-les au contraire comme les Petits Pois à l'étuvée, Chap. XVII, § 8, si vous désirez un produit fin et savoureux.

Choisissez les Fèves jeunes, mais bien formées dans leur cosse, et assurez-vous de leur grosseur avant de commencer la cueillette.

Une manutention supplémentaire s'impose aussitôt l'écossage, opération qui n'a été pratiquée pour aucun autre légume : le décortiquage, c'est-à-dire l'enlèvement de l'écorce de chacune des Fèves.

Opérez pour cela de la façon suivante : avec la lame aiguë d'un couteau de cuisine, incisez la Fève sur le côté où sort l'embryon au moment de la germination.

Comme cette peau est épaisse et coriace, glissez la lame au-dessous jusqu'à la partie ronde de la Fève et tirez vers vous pour la forcer à se désemboîter de l'extrémité et à s'enlever. Il ne reste plus alors, pour l'obtenir entière, qu'à tourner la Fève sur l'autre face.

Maintenez toujours avec la lame du couteau le lambeau détaché et soulevez le tout en exerçant sur la Fève de petites pesées. L'épiderme se détache alors en gardant un semblant de forme ; mais celle-ci n'a aucune importance puisqu'elle doit être jetée.

Continuez ensuite la préparation comme celle des Haricots de Soissons et des Flageolets verts : blanchiment rafraîchissage, etc., si vous préparez les légumes au naturel, comme celles des Petits Pois à l'étuvée, Chap. XVII, § 8, si vous préférez les préparations fines; mêmes bocaux, même temps de cuisson.

VI. — LES NAVETS.

Bien qu'il y ait des Navets en toute saison, il est préférable de faire les Conserves avec les légumes de primeurs plus tendres et plus exquis pour les mois pendant lesquels ils font défaut.

Parmi les variétés les plus connues, le Navet de Meaux, le Navet des Vertus et le rond des Vertus sont à recommander. A titre d'indication, rappelez-vous que le Navet rond est supérieur au long comme qualité. Préparez ce légume comme les petites Carottes au naturel et au beurre, Chapitre VI, paragraphe 5 et 6.

Pelez les Navets (Voir la préparation des Macédoines, Chapitre XV, paragraphe 4), tournez-les ensuite en boules avec les petits outils spéciaux pour découper les légumes ou bien, si cette manutention vous semble longue, coupez en cubes ou en carrés menus, ainsi que vous l'avez fait pour les Macédoines. Blanchissez, égouttez, mettez en flacons et versez dessus de la saumure légère très chaude. Bouchez, désoxygénez et ébullitionnez le même temps que pour les Carottes.

Préparez les Navets au beurre absolument comme les Carottes au beurre, ajoutez une quantité équivalente de beurre et donnez un temps de cuisson égal.

VII. — LES POIREAUX.

Il n'est peut-être pas très intéressant, pour les personnes possédant un potager ou seulement un petit jardin, de conserver les « Poireaux », en raison de la facilité avec laquelle on s'en approvisionne à la campagne comme à la ville, car ce légume ne « chôme jamais », à moins que de fortes gelées — ce qui est assez rare — ne viennent nous en priver quelque temps.

Toutefois, si vous le jugez nécessaire, préparez les Poireaux absolument comme les Asperges, mais préférez les variétés ayant une tige charnue, blanche, assez allongée, de façon qu'elles ressemblent aux premières ; elles seront les Asperges du pauvre — du reste les Poireaux bien accommodés au blanc, recouverts d'une sauce béchamel ou d'une béchamel liée au fromage sont très agréables. Parmi ses variétés nombreuses, les plus intéressantes sont les Poireaux longs de Paris, Poireaux monstreux de Carentan, Poireau demi-long blanc.

Leur nettoyage demande quelque attention, afin de ne laisser aucune parcelle de terre entre les feuilles engainantes. Sectionnez d'abord le blanc des Poireaux juste au ras de la naissance des feuilles vertes, et enlevez à chacune une plaque d'une épaisseur de 3 millimètres environ soutenant la partie chevelue des racines. N'en enlevez pas davantage pour garder intacte la forme du légume. Dégagez aussi le Poireau de sa première enveloppe ordinairement un peu rugueuse et sèche puisqu'elle se trouvait exposée aux intempéries et même de deux, si vous le jugez un peu desséché.

Ces différentes ablations terminées, fendez le Poireau à la partie supérieure en travers sur 2 centimètres afin de vous permettre de voir, après le lavage des légumes, si la terre est complètement chassée.

Ne donnez pas de petits lavages, ni de grands non plus ; le mieux et le plus expéditif est encore de placer chaque légume sous le jet vif d'un robinet, ainsi que nous l'avons expliqué pour les Endives, Chapitre XI, paragraphe 4. Terminez comme pour les Asperges.

La préparation au vinaigre, Volume I de cet ouvrage, Chap. XXIX, paragraphe V, exclusivement faite pour la consommation en hors-d'œuvre, est également à recommander.

CHAPITRE XXII

LA CHOUCROUTE

I. CE QU'EST LA CHOUCROUTE. || II. CONDITIONS SPÉCIALES UTILES A CONNAÎTRE. || III. COMMENT NETTOYER CHAQUE PIED DE CHOU. || IV. COMMENT FAIRE LES LANIÈRES. || V. PRÉPAREZ AINSI LA CHOUCROUTE. || VI. SOIGNEZ LA CHOUCROUTE.

PARMI tous les modes de conservation, usités dans le domaine de l'économie domestique, les Conserves au sel sont certainement les plus anciennes. Nous ne voulons pas ici vous décrire les plus populaires : Oseille, Haricots verts que l'on prépare pourtant encore dans les vieilles provinces françaises et qui ont des partisans convaincus ; la stérilisation donne des produits bien supérieurs. Mais il nous a paru indispensable, puisque nous avons parlé des condiments et des hors-d'œuvre, de vous initier à la préparation de la Choucroute qui tient une place relativement importante dans la cuisine française.

La préparation de la Choucroute intéresse surtout les habitants des régions du Nord et du Nord-Est de la France. En Alsace, la plus grande partie de la population prépare elle-même la « Choucroute », principalement les paysans et les familles ouvrières. En France, au contraire, bien qu'elle soit consommée largement et considérée comme une préparation saine et savoureuse, il est peu de familles où on la conserve ; pourtant elle peut être pour les tables modestes une excellente ressource d'hiver et de printemps, et pour celles plus favorisées, une agréable variante.

Sa réalisation est peu compliquée et demande un temps très court, puisqu'en somme la Choucroute est seulement une préparation salée. Je tiens la recette ci-dessous d'un Alsacien qui en fait préparer chez lui chaque année des provisions assez copieuses pour la consommation de sa famille.

I. — CE QU'EST LA CHOUCROUTE.

La Choucroute est une préparation constituée uniquement avec des Choux — comme son nom l'indique du reste ; — mais ces Choux sont hachés, ou plutôt réduits en lanières minces mis à macérer entre des lits de sel sur lesquels vous parsemez à volonté quelques baies de genièvre et de poivre. Ce hachis est ensuite pressé pour qu'il baigne dans la saumure et laissé ainsi deux mois avant d'être consommé.

Les Choux prennent alors un petit goût acidulé très agréable, saveur due à un commencement de fermentation.

SUCCESSION DES OPÉRATIONS. — Choisissez des Choux aux pommes serrées, nettoyez et sectionnez-les en deux morceaux, émincez au couteau. Prenez un petit baril, disposez au fond quelques feuilles de Choux et semez sur elles des Choux en lanières par couches alternées de sel. Aux trois quarts du récipient, étendez une toile, chargez d'une planche et de pierres lourdes et recouvrez d'eau.

II. — CONDITIONS SPÉCIALES UTILES A CONNAITRE.

Les meilleures variétés de Choux pour faire la Choucroute sont les : Choux Quintal de Strasbourg ou d'Alsace,

Choux Quintal de Hobzwihr — cette dernière espèce surtout cultivée dans les environs de Colmar — les Choux Quintal d'Auvergne, etc. ; — toutes ces variétés ont les pommes dures et blanches comme il convient.

La récolte de ces Choux est généralement faite lorsque les têtes sont fermes — à complète maturité bien entendu — vers Octobre-Novembre, c'est l'époque la plus favorable.

Comme pour les Choux de Bruxelles, lorsque la gelée les a un peu atteints, leur goût n'en est que plus fin ; l'odeur forte semble un peu atténuée.

Coupez les Choux par un temps sec si possible, mais ne les employez pas aussitôt cueillis. Sectionnez le pied nommé vulgairement « trognon » au ras de la tête et étalez-les dans un endroit très aéré, dans une cave, sur des planches, sous un hangar par exemple et laissez les faner au moins quinze jours pour leur faire perdre un peu l'odeur de Choux par l'évaporation naturelle ; ils sont ainsi plus faciles à couper en lanières longues.

Pour faire la Choucroute avec toutes les garanties de succès, choisissez un baril ayant contenu de l'eau-de-vie ou du rhum, que l'on nomme « Tinette », en Alsace.

Il existe aussi des presses à Choucroute munies d'un couvercle sur lequel est fixé une tige verticale recevant la pression d'une tige horizontale formant levier à l'extrémité de laquelle est un poids quelconque. Nécessairement dans ces presses, l'organisation intérieure remplace l'installation sommaire décrite ci-dessus, abrégeant encore le temps des manutentions.

III. — COMMENT NETTOYER CHAQUE PIED DE CHOU.

Commencez par sectionner au ras des feuilles vertes la

tige ou pied terminée par les racines chevelues. Ce pied étant inutile, jetez-le. Enlevez ensuite les feuilles vertes du tour, et celles qui ne sont pas parfaitement blanches; le Chou ainsi traité a perdu au moins quatre couronnes de feuilles. Ces feuilles ne sont pas non plus employées dans la Choucroute, et pour plusieurs raisons : 1° parce qu'elles sont dures et très fortes de goût, 2° parce qu'elles sont toujours d'une propreté douteuse, ne formant pas corps avec l'agglomération centrale ou cœur, et cette exigence s'explique assez puisque les Choux ne doivent être ni lavés, ni blanchis.

A l'intention des jeunes ménagères j'indiquerai une seconde manière, très expéditive celle-là, pour opérer ensemble l'ablation du pied et des feuilles. Étendez le Chou sur une table, cassez en les renversant vers vous deux ou trois feuilles des couronnes superposées juste à la naissance des feuilles blanches, de façon à donner un passage pour le couteau. Introduisez-le dans la place et d'un coup sec comme le ferait un couperet, abattez les feuilles entraînant le pied après elles.

IV. — COMMENT FAIRE LES LANIÈRES.

Les lanières peuvent s'obtenir de deux façons différentes : à l'aide d'un couteau rabot ou rabot de Choux, instrument surtout utilisé dans les provinces où la Choucroute est préparée, ou d'un épais coutelas d'office parfaitement affilé. Nous supposerons donc l'emploi du couteau d'office.

Toutes les pommes blanches et nettes rassemblées, étendez sur la table de cuisine une serviette très propre sur laquelle devront tomber les lanières fines des Choux.

Prenez une des pommes, placez-la sur la serviette et divisez-la en deux parties dans le sens de la hauteur. Saisissez alors une des moitiés et taillez très près les unes des autres des tranches excessivement minces. Le Chou coupé tombe sur la serviette en lanières de trois à quatre millimètres de largeur, formant une sorte de fibre mousseuse.

V. — PRÉPAREZ AINSI LA CHOUCROUTE.

Pour cinquante têtes de Choux mis en lanières, comptez 2 kg. 500 de sel blanc ; étendez d'abord quelques feuilles de Choux bien propres dans le fond du petit tonneau ou baril et recouvrez-les d'une épaisseur de 3 millimètres de sel environ. Placez ensuite une couche de 10 centimètres de Choux et parsemez-la de poivre en grain, de baies de genièvre. Cet ajouté est facultatif, il parfume agréablement la préparation, mais il faut enlever les grains au moment de la cuisson de la Choucroute. Tassez le tout avec un pilon en bois sans frapper au point d'écraser les Choux. Votre pilon doit remplir l'office d'une presse, car il est uniquement employé pour réduire le volume des couches successives de Choux. Parsemez le tout de sel en moins grande quantité, puis continuez à alterner, un lit de 10 centimètres d'épaisseur de Choux et une faible couche de sel, de poivre en grain et de baies de genièvre, jusqu'aux trois quarts de la hauteur du récipient. La dernière mise étant une couche de sel, taillez dans une toile neuve et forte d'une propreté irréprochable une sorte de couverture épousant absolument la forme du récipient ; recouvrez-en les Choux, mettez le couvercle en bois de même forme, puis placez les pierres lourdes de grès ou de granit pour maintenir le tout. Tout cela doit « charger » très fort ; mais ne prenez jamais en guise de poids le fer qui rouille et ne convient pas.

Le but du sel n'est pas seulement de conserver le produit, mais de lui faire « exprimer l'eau » qu'il contient. Vérifiez la Choucroute vingt-quatre heures après sa mise en baril. Si le sel n'a pas produit assez d'eau pour submerger le couvercle de 10 centimètres environ, ajoutez ce qu'il manque pour arriver à cette limite — de l'eau froide prise directement à la fontaine. Cela est indispensable, car les Choux ne resteraient pas blancs, ils deviendraient gris. Empêcher le contact de l'air extérieur avec le produit, voilà tout le secret de la préparation de la Choucroute.

VI. — SOIGNEZ LA CHOUCROUTE.

Votre attention ne doit pas seulement s'exercer dans les premiers jours qui suivent la préparation ; mais tous les dix à quinze jours en hiver, et tous les huit jours en été, changez l'eau si vous voulez que la Choucroute reste fraîche et bonne ; ainsi soignée, elle peut se conserver pendant une année entière. Prenez aussi quelques précautions après chaque prélèvement des provisions pour cuire. Avant de prendre la quantité de Choucroute dont vous avez besoin, enlevez l'eau surnageant au-dessus du couvercle et des pierres, mettez à laver : pierres, couvercle, toile dans l'eau fraîche ; pendant ce temps prenez ce qui vous est nécessaire avec une pelle en bois, égalisez la Choucroute et étendez-la à nouveau en nappe bien unie, saupoudrez de sel blanc, tordez la toile, étendez la à nouveau, brossez le couvercle, posez-le et chargez avec les pierres comme auparavant ; puis ajoutez la quantité d'eau nécessaire inondant une fois encore le couvercle.

Remisez la Choucroute dans une cave fraîche, aérée, ou mieux dans un cellier. Évitez de la mettre à proximité des tonneaux contenant du vin, son odeur acide pourrait le troubler et le faire tourner en vinaigre, surtout si elle n'est pas « bien soignée ».

Je vous ai dit qu'après trois semaines de fermentation il était possible de consommer la Choucroute ainsi préparée ; mais elle n'acquiert ses réelles qualités appréciées par les vrais dégustateurs de ce plat, qu'après deux mois entiers.

TABLE ALPHABÉTIQUE

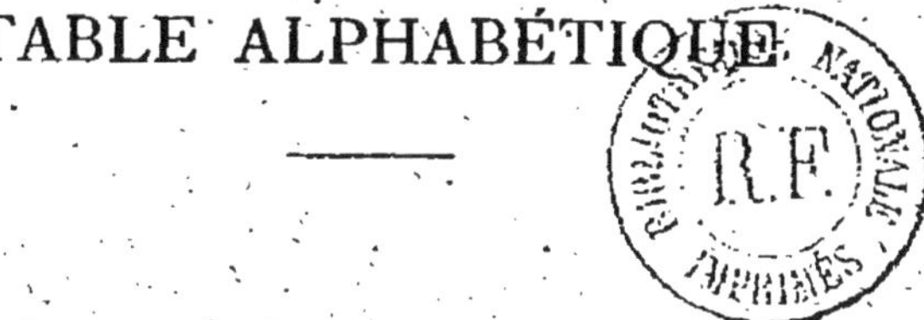

TABLE MÉTHODIQUE DES MATIÈRES

TABLE MÉTHODIQUE DES MATIÈRES

www.ingramcontent.com/pod-product-compliance
Ingram Content Group UK Ltd.
Pitfield, Milton Keynes, MK11 3LW, UK
UKHW021126220726
13924UKWH00004B/1932

9 782019 960827